Für Dich

Die Deutsche Nationalbibliothek verzeichnet diese Publikation in der Deutschen Nationalbibliografie; detaillierte bibliografische Daten sind im Internet über www.dnb.de abrufbar.

Arschtritt-Buch – Selbstmotivation im Studium von Tim Reichel

Studienscheiss UG (haftungsbeschränkt)
Rathausstr. 24 B, 52072 Aachen
kontakt@studienscheiss.de
Geschäftsführer: Dr. Tim Reichel, M.Sc.
Registergericht: Amtsgericht Aachen
Registernummer: HRB 19105
USt-IdNr.: DE295455486

Zweite Auflage, Oktober 2020

ISBN: 978-3-946943-08-2 Print (Hardcover)
ISBN: 978-3-946943-09-9 E-Book (PDF)
ISBN: 978-3-946943-10-5 E-Book (EPUB)
ISBN: 978-3-946943-11-2 Audio (Hörbuch)

Umschlaggestaltung, Layout und Satz: Tim Reichel, Aachen
Umschlagmotiv: Melanie Schwarz, Aachen
Lektorat: Claudia Henning, Köln
Foto: Sajoscha Blinn, Bottrop
Herstellung: CPI, Ulm
Printed in Germany

www.studienscheiss.de

Arschtritt-Buch

Selbstmotivation im Studium

Tim Reichel

Studienscheiss Verlag

Inhalt

Mehr Tipps für dein Studium:

www.studienscheiss.de

Start

Arschtritt gefällig?

Heute ist einer dieser Tage, an denen du an dir selbst verzweifelst.

Es ist Sonntagabend und du schaust auf die To-do-Liste der vergangenen Woche. Deine Liste ist voll, doch die abgehakten Punkte kannst du an einer Hand mit zwei Fingern abzählen: einkaufen und Vorlesungsfolien ausdrucken. Immerhin. Doch 95 Prozent deiner Aufgaben sind liegengeblieben. Unter anderem wolltest du die Folien noch lesen, die Passage aus dem Skript zusammenfassen, zwei Kapitel aus dem Lehrbuch durcharbeiten, den Schreibtisch aufräumen, dich mit deiner Lerngruppe treffen und die nächste Prüfungsvorbereitung einläuten.

Aber davon ist nichts passiert. Gar nichts.

Wochenfazit: Herzlichen Glückwunsch! Der Titel „Unproduktivster Student der Welt" geht an dich – du bist Prokrastinationsweltmeister. Doch wie bist du an diese zweifelhafte Auszeichnung gekommen? Warum hast du in dieser Woche kaum etwas von dem erreicht, was du dir vorgenommen hattest?

Die Antwort ist einfach: Dir hat die Motivation gefehlt.

Dabei wusstest du eigentlich ganz genau, was deine Ziele waren. Du wusstest, was du erreichen wolltest und du wusstest auch, was dafür zu tun war. Trotzdem konntest du nicht loslegen und dich Schritt für Schritt nach vorne arbeiten. Irgendetwas hat dich blockiert, irgendetwas hat dir gefehlt.

Aber ich kann dich beruhigen: Mit diesem Problem bist du nicht allein.

Viele Studenten haben eine volle Aufgabenliste und wollen eigentlich mehr für ihr Studium tun. Doch sie kommen nicht in die Gänge. Sie können sich nicht aufraffen und anstatt produktiv zu studieren, vertrödeln sie ihre Zeit mit Kleinkram. Sie erfinden Ausreden, putzen alibimäßig die Wohnung oder schauen sich lieber die siebte Wiederholung einer Simpsons-Episode an, bevor sie sich an den Schreibtisch setzen, die Lernunterlagen rauskramen und das tun, wofür sie nicht bezahlt werden: studieren.

Im entscheidenden Moment fehlt ihnen das, was auch dir gefehlt hat: der Impuls zum Anfangen. Was dir gefehlt hat, war ein kleiner Arschtritt – ein Arschtritt, der dich sofort aus deinem Motivationstief herausführt; ein Arschtritt, der dich dazu bringt, endlich die Ärmel hochzukrempeln und mit voller Energie durchzustarten.

Es ist nämlich egal, was du dir vornimmst: Das Anfangen ist meistens der schwierigste Teil der ganzen Aktion. Und das gilt nicht nur fürs Studium.

Nur eben dieses Anfangen stellt viele Studenten vor unüberwindbare Probleme. Einige bleiben lange an dieser ersten Hürde hängen und beginnen deshalb nie oder viel zu spät mit einer neuen Aufgabe; andere hingegen gehen deutlich besser mit ihren Startschwierigkeiten um und beginnen fast mühelos mit neuen Projekten.

Diese Studenten scheinen ein Arschtritt-Dauerabo zu besitzen und erwecken den Anschein, als könnten sie in jeder Situation entschlossen handeln und dann zielgerichtet weitermachen. Motivationsprobleme kennen sie nicht – denn sie haben verstanden, worauf es beim Studieren ankommt.

Die wichtigste Fähigkeit, die du als Student brauchst

Jetzt.

Genau in dieser Sekunde entscheidet sich ein Student dazu, sein Studium abzubrechen. Nicht, weil ein plötzlicher Sinneswandel eingetreten ist oder die Noten nicht mehr stimmen – es macht einfach keinen Spaß mehr. Hörst du das Seufzen des Studenten, der enttäuscht die Ordner in den Mülleimer plumpsen lässt und damit seinen Lebenstraum beerdigt?

Ich schon.

Seit sechs Jahren bin ich Fachstudienberater an einer großen deutschen Universität. Ich habe täglich mit Studenten zu tun und schon unzählige Gespräche mit angehenden Akademikern geführt. Mit meinem Studienscheiss-Blog und meinen Büchern helfe ich tausenden Studenten dabei, glücklich und erfolgreich zu studieren. Ich kenne ihre Ängste und Sorgen. Und: Ich habe selbst studiert und weiß, wie unglaublich ätzend die Zeit an der Uni sein kann.

Studieren ist manchmal hart. Manchmal unfair. Und manchmal richtig grausam. Doch trotzdem schaffen jedes Jahr fast eine halbe Million Absolventen ihren Hochschulabschluss und werfen überglücklich ihre Hütchen in die Luft. Sie haben ihr Ziel erreicht. Nicht, weil es einfach war oder sie die Weisheit mit Löffeln gefressen haben, sondern weil sie drangeblieben sind. Auch dann, wenn es hart, unfair und grausam war. Sie haben an den Erfolg geglaubt und ihre Motivation auch in schwierigen Phasen aufrechterhalten. Sie haben es geschafft, sich selbst starkzureden und sich immer wieder in den eigenen Hintern getreten.

Und du kannst das auch.

Du musst es sogar können, wenn du erfolgreich studieren möchtest. Ein Studium hat nämlich wenig mit Glück oder Intelligenz zu tun. Worauf es wirklich ankommt, sind eine solide Strategie, Durchhaltevermögen und ganz besonders die Fähigkeit, sich ständig selbst motivieren zu können.

Selbstmotivation ist die Studenten-Schlüsselfähigkeit.

Wenn es dir immer wieder gelingt, die eigene Prokrastination zu überwinden und hartnäckig an deinen Zielen zu arbeiten, wirst du ein zufriedeneres und glückliches Studentenleben führen. Nur wenn du es schaffst, dir regelmäßig selbst in den Arsch zu treten und dich von Aufgabe zu Aufgabe zu motivieren, wirst du im Studium erfolgreich sein – sonst nicht.

Die Rolle des Motivationstrainers wird dir niemand abnehmen. Die meiste Zeit bist du nämlich auf dich allein gestellt und musst sehen, wie du zurechtkommst. Niemand wird dir ununterbrochen zujubeln oder dich in nervigen Phasen von außen anfeuern, damit du doch noch die Kurve kriegst. Du musst selbst dafür sorgen, dass du deine Probleme anpackst und deinen Herausforderungen mit einer positiven Einstellung begegnest.

Denn: Wenn du es nicht machst, dann macht es keiner.

In diesem Buch zeige ich dir, wie du das schaffst.

Wie dir dieses Buch helfen wird

Jeder Student träumt davon, auf Knopfdruck motiviert und leistungsfähig zu sein. Denn wenn es ein Problem gibt, mit dem alle Studenten dieser Welt zu kämpfen haben, dann ist es die Prokrastination. Doch kleine Tiefphasen sind beim Studieren ganz normal – jeder hat während seiner Unilaufbahn mit Motivationsproblemen zu kämpfen und muss die unterschiedlichsten Krisen überstehen.

Doch die wenigsten stellen sich diesen Schwierigkeiten und machen sich bewusst, dass sie ihre Motivation selbst steuern können. Zu großen Teilen ist die eigene Einstellung sogar mit den einfachsten Mitteln zu beeinflussen und kann so trainiert werden, dass Antriebslosigkeit und Selbstsabotage nie wieder die Oberhand gewinnen.

Wie dir das gelingt, zeige ich dir in diesem Buch.

Um genau zu sein, zeige ich dir 66 Wege, wie du dir beim Studieren selbst in den Arsch treten kannst und deine Aufschieberitis ein für alle Mal auskurierst. Ich verrate dir die besten Methoden und Strategien, die ich während meiner langjährigen Arbeit mit Studenten gefunden habe. Und: Diese 66 Arschtritte bekommst du so serviert, dass du sie direkt ausprobieren und kinderleicht umsetzen kannst.

In diesem Buch findest du keine theoretische Abhandlung über die wissenschaftlichen Hintergründe der Motivationslehre. Es gibt Praxistipps. Denn um endlich den Arsch hochzukriegen, brauchst du kein aufgedunsenes Theorie-Blabla oder eine ausgeklügelte Geheimstrategie. Du brauchst praxiserprobte Tipps, die wirklich funktionieren – und zwar beim Studieren.

Deshalb unterscheidet sich dieses Buch von allen bisherigen Ratgebern zum Thema Selbstmotivation. Eigentlich ist es auch kein wirklicher Ratgeber, sondern ein Inspirations- und Arbeitsbuch. Ein Inspirationsbuch, weil es dir eine Fülle an Ideen zur Eigenmotivation liefert und dir eine Menge konkreter Konzepte zeigt; ein Arbeitsbuch, weil jede einzelne der 66 Lektionen für dich mit Arbeit verbunden ist.

Ja, richtig: Nur lesen reicht nicht – du musst handeln.

Motivation gibt es nämlich nicht geschenkt. Du musst etwas dafür tun – den Weg dorthin habe ich dir aber so einfach wie möglich gemacht: Nach jedem Arschtritt-Kapitel lasse ich dich nicht mit den Inhalten allein, sondern zeige dir konkrete Arschtrittanwendungsmöglichkeiten in diesen drei Kategorien:

✏ Aufgabe

Konkrete Aufgaben und Schritt-für-Schritt-Anleitungen für dich, damit du die neuen Methoden direkt ausprobieren und anwenden kannst.

💡 Beispiele

Passende Beispiele aus deinem Studentenalltag, die den jeweiligen Arschtritt aufgreifen und dir zeigen, wie du in diesem Fall vorgehen kannst.

📢 Arschtritt-Faktor

Eine Kennzahl zwischen 1 und 5, die den Schwierigkeitsgrad der jeweiligen Aktion beschreibt. Je größer der Arschtritt-Faktor, desto unangenehmer und wirksamer ist die Aktion.

Generell habe ich versucht, lange Umschreibungen und überladene Textpassagen wegzulassen. So etwas ist langweilig und bremst nur deinen Lesefluss. Ich habe mich stattdessen auf die Kerngedanken konzentriert und diese kurz und knapp dargestellt. So kannst du direkt loslegen und dieses Buch optimal für dich nutzen.

Eine Sache noch: Die Grundlage einer dauerhaft hohen Selbstmotivation bildet ein solides Zeit- und Selbstmanagement. Kein Student auf dieser Welt bleibt konstant motiviert, wenn er sein Studium nicht im Griff hat. Doch anders als in meinen bisherigen Büchern zu diesen Themen werde ich dieses Mal keine detaillierten Einzelmethoden dazu beschreiben, sondern konkrete Anwendungen in den Fokus stellen. Sollten dir die entsprechenden Basics fehlen, kannst du dir ergänzend den Bachelor of Time oder die DOEDL-Methode ansehen. Allerdings wirst du jeden einzelnen Arschtritt auch ohne diese Hintergrundinformationen zu 100 Prozent verstehen und erfolgreich für dich umsetzen können.

Zu den 66 Arschtritten habe ich noch interaktive Arbeitsblätter erstellt und 10 zusätzliche Motivationstechniken für dich gesammelt. Auf der letzten Seite in diesem Buch findest du einen Link, über den du an diese Inhalte kommst. Du gelangst dort auf meine Website und kannst dich für den entsprechenden Verteiler anmelden – natürlich kostenlos. Wenn du deine Aufgaben häufig aufschiebst, dich nur selten zum Lernen motivieren kannst oder einfach keine Energie zum Studieren mehr hast, dann ist dieses Buch für dich. Wenn du manchmal nicht weißt, wie du weitermachen sollst oder kurz davor bist, dein Studium an den Nagel zu hängen, dann musst du dieses Buch lesen.

Lass uns anfangen.

66 Arschtritte

für dein Studium

Arschtritt-Gebrauchsanweisung

Auf den folgenden Seiten zeige ich dir 66 Möglichkeiten, wie du dich beim Studieren selbst motivieren kannst. 66 Arschtritte warten auf dich, die du nach Belieben ausprobieren und ganz nach deinem persönlichen Empfinden im Alltag einsetzen kannst. Bevor du dich aber auf deine neuen Wundermittelchen stürzt, habe ich noch ein paar Empfehlungen und Hinweise für dich, damit du auch wirklich den größten Nutzen aus diesem Buch ziehst.

Erstens

Beim Studieren geht es nicht darum, zu einer leistungsoptimierten Arbeitsmaschine zu werden. Studieren soll Spaß machen – es darf anspruchsvoll und phasenweise auch anstrengend sein, aber unterm Strich soll dich dein Studentenleben glücklich machen. Wenn du allerdings versuchst, jede freie Minute mit Arbeit vollzustopfen und außer Effizienz oder Produktivität nichts auf dem Schirm hast, wird dich dein Studium in den Burnout treiben. Setze die Arschtritte also mit Bedacht ein und übertreibe es nicht. Selbstmotivation hat nichts mit Selbstausbeutung zu tun.

Zweitens

Die Arschtritte in diesem Buch werden mithilfe eines entsprechenden Arschtritt-Faktors unterschiedlich stark eingestuft. Je größer der Arschtritt-Faktor, desto unangenehmer und wirksamer ist die Aktion. Da diese Einschätzung von mir getroffen wurde, hat sie einen sehr subjektiven Charakter. Sie kann von Fall zu Fall unterschiedlich bewertet werden, sodass die Methoden für dich eine andere Wirkung erzielen können. Benutze diese Kennzahl daher zur Orientierung, aber schätze jede Aktion für dich persönlich ein.

Drittens

Die Lektionen in diesem Buch sind nach dem Arschtritt-Faktor geordnet. Das heißt aber nicht, dass du sie in dieser Reihenfolge lesen, bearbeiten und umsetzen musst. Du hast die Wahl: Entweder gehst du das Buch chronologisch durch, wählst zufällig das nächste Kapitel aus oder entscheidest nach der Überschrift. Meine Empfehlung: Überfliege das Buch zuerst, verschaffe dir einen Überblick, teste einige Aufgaben und entscheide dann, ob du dich frei bewegen oder lieber dem Inhaltsverzeichnis folgen möchtest. Beide Wege sind gut und führen zum Ziel.

Viertens

Die Methoden und Konzepte in diesem Buch sind nicht in Stein gemeißelt. Ich kann dir versichern, dass sie funktionieren – das heißt aber nicht, dass es für dich keine bessere Alternative oder sinnvollere Variante gibt. Wenn du das Gefühl hast, dass ein bestimmter Arschtritt oder einzelne Aufgaben nicht zu dir passen, dann ändere ihre Ausführung! Passe die Arschtritte an deine Bedürfnisse an und zwänge dich nicht in eine Struktur, in der du dich nicht wohlfühlst.

Fünftens

In diesem Buch geht es darum, in Aktion zu kommen. Wie bereits in der Einleitung angedroht: Lesen allein reicht nicht – du musst handeln. Wenn du die Aufgaben am Ende der Kapitel nicht erledigst und dich nur auf die Theorie beschränkst, wirst du rein gar nichts in deinem Leben verändern. Die Wirkung der Arschtritte wird sofort verpuffen und deine Selbstmotivation ändert sich ebenfalls nicht. Damit das nicht passiert: Fang jetzt an! Handle sofort!

#1 Gib deinen Widerstand auf!

Der erste kleine Arschtritt auf deinem Weg zu mehr Energie und Dynamik besteht darin, dein Motivationsproblem anzuerkennen. Mach dir klar, dass du momentan keine Lust hast und wichtige Dinge aufschiebst, obwohl du schon längst hättest aktiv werden müssen. Verurteile dich nicht, aber sei ehrlich zu dir: Dir fehlt die Motivation, deine Aufgaben anzupacken und loszulegen. Es liegt nicht an irgendwelchen dubiosen Rahmenbedingungen oder anderen Personen, sondern an dir und deinem fehlenden Elan.

Rede dir deine aktuelle Lage nicht schön oder suche nach Ausreden, sondern versuche vollkommen ehrlich und transparent zu sein. Analysiere deine Situation und gib damit deinen Widerstand gegen deine Prokrastination auf. Akzeptiere sie und mache dir nichts vor. Sie ist ein Teil von dir und deiner Arbeitsweise. Prokrastination gehört dazu – du kannst sie aber beeinflussen. Doch dafür musst du sie erst verstehen und glasklar benennen.

Welche Aufgaben schiebst du momentan auf? Woran würdest du gerne arbeiten, wenn du genug Motivation hättest? Was würdest du dir von dir selbst wünschen? Wo liegen deine Blockaden? Lasse für einen kurzen Moment alle negativen Gefühle zu und verdränge nichts. Kämpfe nicht dagegen an, achte stattdessen genau auf deine Einstellung. Untersuche deinen inneren Widerstand und lerne deine Motivationsprobleme kennen. Denn erst, wenn du deine Feinde genau vor Augen hast, kannst du sie konsequent bekämpfen, zurückdrängen – und besiegen.

Arschtritt!

✏ Aufgabe

- ✔ Finde heraus, in welchen Situationen du prokrastinierst und wichtige Aufgaben aufschiebst! Schreibe drei konkrete Beispiele aus deinem Alltag auf, in denen du häufig mit Motivationsproblemen zu kämpfen hast und beschließe dann, deinen Widerstand dagegen aufzugeben! Erst dann kannst du dich der Situation stellen und Gegenmaßnahmen entwickeln.

💡 Beispiele

- ✔ Morgens beim Aufstehen: „Wenn morgens mein Wecker klingelt, schalte ich ihn aus und drehe mich nochmal um. Ich komme nur schwer aus dem Bett und freue mich nur selten auf den neuen Tag. Das könnte daran liegen, dass…"

- ✔ Beim Auswendiglernen von Definitionen: „Ich lerne nicht gerne auswendig. Für mich ist das Zeitverschwendung. Es unterfordert und langweilt mich…"

- ✔ Während des Schreibens einer Studienarbeit: „Wissenschaftliches Schreiben fällt mir schwer und es gibt tausend Dinge, die ich lieber tun würde. Schon nach wenigen Minuten werde ich unkonzentriert und suche nach Ablenkung…"

📣 Arschtritt-Faktor

#2 Hör auf zu jammern!

Jeder Student hat hin und wieder Motivationsprobleme. Doch einige Studenten gehen deutlich besser mit dieser Situation um als der Rest. Was sie anders machen: Sie jammern nicht. Jammern bringt dich nicht weiter und blockiert dich. Dadurch fokussierst du dich nämlich ausschließlich auf die negativen Seiten und schiebst dich selbst in eine passive Opferrolle, in der du wenig ausrichten kannst. Kurz: Alles ist schlecht und du bist deinem Schicksal schutzlos ausgeliefert – ein furchtbarer Zustand.

Indem du jammerst, raubst du dir deine eigene Energie und lässt gleichzeitig zu, dass äußere Einflüsse über dein Leben bestimmen. Du gerätst in eine Negativspirale, die sich durch deine pessimistische Einstellung zunehmend verstärkt. Deshalb musst du diesen Jammerkreislauf durchbrechen und den Spieß umdrehen: Ziehe die richtigen Lehren aus deinem Gejammere und forme aus deinen negativen Gedanken positive Ansätze, die dir neuen Schwung geben.

Der Trick besteht darin, dass du dich eben nicht auf die Schwierigkeiten konzentrierst und in Selbstmitleid versinkst, sondern das Problem erkennst und dann direkt die Lösung in den Fokus stellst. So musst du deine Angst nicht verdrängen, sondern nimmst die Herausforderung an und stellst dich ihr selbstbewusst entgegen. Dazu musst du nur einen kleinen zusätzlichen Schritt machen. Erstens: Jammern (Problem erkennen); zweitens: Lösung überlegen und in den Fokus stellen.

Arschtritt!

✏ Aufgabe

- ✔ Kultiviere dein Jammern und verschiebe deinen Fokus von der negativ geprägten Opferrolle auf eine lösungsorientierte Handlungsstrategie! Überlege dir drei Situationen, in denen du oft jammerst oder dich häufig beschwerst und ändere dann deinen Fokus (vom Problem zur Lösung)!

♀ Beispiele

- ✔ Aus „Ich habe heute unglaublich viel zu tun." wird „Ich habe heute viel zu tun, also muss ich mich auf das Wesentliche konzentrieren und alles Unwichtige weglassen – aber das bekomme ich hin.".

- ✔ Aus „Die Klausur wird so schwer." wird „Die Klausur wird zwar schwer, aber darauf habe ich keinen Einfluss. Was ich beeinflussen kann, ist meine Prüfungsvorbereitung. Und die wird richtig gut sein.".

- ✔ Aus „Ich habe zu wenig Zeit." wird „Ich habe im Moment wenig Zeit, aber das wird sich auch wieder ändern. Ich weiß, warum ich studiere und nehme die Strapazen gerne in Kauf.".

📣 Arschtritt-Faktor

#3 Verzeihe dir selbst!

Wenn du Startschwierigkeiten hast und dich dann auch noch dabei erwischst, wie du deine Zeit vertrödelst, darfst du eine Sache nicht tun: dir selbst böse sein und dich dafür bestrafen. Das Besiegen der eigenen Antriebslosigkeit und Prokrastination ist ein lebenslanger Kampf und andauernder Lernprozess. Dabei Fehler zu begehen ist ganz normal und auch notwendig. Nur so kannst du für dich passende Methoden finden, die wirklich funktionieren. Und: zukünftig das lassen, was nicht funktioniert.

Verzeihst du dir diese Fehler nicht, setzt irgendwann Resignation ein, die dich auf dein unproduktives Anfangslevel zurückwirft. Und damit schadest du dir nur selbst. Langfristig wirst du so niemals über dich hinauswachsen. Erst wenn du nachsichtig bist und dir Rückfälle verzeihst, kannst du aus einer positiven Einstellung heraus Kraft schöpfen und von Neuem beginnen. Dazu musst du allerdings mit dir im Reinen sein, weil du sonst mit zusätzlichem inneren Druck umgehen musst. Diese Belastung kannst du dir sparen.

Also: Du bist okay – und wenn du Fehler machst, bist du auch okay. Verzeihe dir selbst, damit du anschließend mit voller Konzentration und gutem Gewissen an dir arbeiten kannst. Es bringt gar nichts, nachtragend zu sein und sich selbst fertigzumachen.

Arschtritt!

✏️ Aufgabe

- ✔ Finde drei Dinge, die du dir selbst sofort verzeihen kannst und formuliere eine schriftliche Entschuldigung! Lies die Entschuldigung danach laut vor! Höre auf, dich für Fehler aus der Vergangenheit fertigzumachen und lerne aus deiner Erfahrung!

💡 Beispiele

- ✔ „Ich verzeihe mir, dass ich heute die Vorlesung geschwänzt habe. Nächste Woche werde ich wieder hingehen und den Stoff vorher durchsehen, damit ich das Maximum aus der Veranstaltung hole."

- ✔ „Ich verzeihe mir, dass ich meine letzte Prüfung nicht bestanden habe. Ich habe zu wenig gelernt und meine Prüfungsvorbereitung viel zu spät begonnen. Dieses Semester passiert mir das nicht."

- ✔ „Ich verzeihe mir, dass ich gestern vier Stunden lang Serien geschaut habe, anstatt für mein Studium zu lernen. Heute werde ich den Lernstoff schrittweise durchgehen und mich erst danach mit einer Serie belohnen. Aber nicht wieder vier Stunden lang."

📢 Arschtritt-Faktor

#4 Starte einen Neuanfang!

Es ist nie zu früh – und es ist nie zu spät für einen Neuanfang. Egal, in welcher Lage du dich gerade befindest: Du hast immer die Möglichkeit, im nächsten Moment von vorne zu beginnen. Völlig unabhängig davon, was gestern, letzte Woche oder in den vergangenen fünf Jahren passiert ist. Das alles zählt nicht. Und genau das ist der Riesenvorteil an einem neuen Start: Du lässt alles hinter dir und schlägst ein neues Kapitel auf. Ohne Schuldgefühle, ohne Altlasten.

Wichtig ist dabei nur, dass du es ernst meinst. Denn die Dynamik eines Neuanfangs wird ohne die wirkliche Absicht, etwas verändern zu wollen, sofort wieder verpuffen und dich kein Stück weiterbringen. Triff deswegen den festen Entschluss, einen neuen Anlauf zu starten und die Sache dieses Mal richtig durchzuziehen – bis zur letzten Konsequenz.

Mache deinen Neuanfang (auch dann, wenn du mit einem kleinen Schritt beginnst) zu etwas Großem. Es ist keine von dreiundzwanzig gleichwertigen Optionen, sondern deine einmalige Chance, alte Fehltritte zu vergessen und ab jetzt vieles besser zu machen.

Arschtritt!

✎ Aufgabe

- ✔ Suche dir eine Aufgabe oder eine Tätigkeit aus deinem Studentenleben heraus und starte noch heute einen Neuanfang! Nimm dir fest vor, ab heute mit vollem Einsatz an deinem Ziel zu arbeiten und erledige jetzt direkt den ersten Schritt!

♀ Beispiele

- ✔ Lernen: „Ab heute werde ich jeden Tag 30 Minuten für mein Studium lernen."

- ✔ Vorlesungsbesuch: „Ab heute werde ich zu jeder Vorlesung gehen, mitschreiben und den Stoff im Anschluss zehn Minuten lang nacharbeiten."

- ✔ Prüfungsvorbereitung: „Ab heute werde ich mich schon um meine nächste Prüfungsvorbereitung kümmern. Ich werde dieses Mal rechtzeitig beginnen und nicht wieder in Zeitdruck geraten."

📣 Arschtritt-Faktor

#5 Lege klare Ziele fest!

Viele Studenten denken, dass sie Ziele haben. In Wirklichkeit haben sie aber nur ein paar Träume und Wunschvorstellungen, die ihnen durch den Kopf schwirren. Klare Ziele: Fehlanzeige. Und genau das ist das Problem. Ohne Ziele wirst du dich niemals selbst motivieren können oder den Arsch hochkriegen. Warum auch? Es gibt schließlich nichts, worauf du hinarbeiten kannst.

Sich keine Ziele zu setzen, ist eine der wirkungsvollsten Methoden, um ein ganzes Leben lang unproduktiv und erfolglos zu bleiben. Besser kannst du dich selbst nicht ausbremsen. Erst klare Ziele helfen dir dabei, fokussiert zu studieren und herausragende Ergebnisse zu erreichen. Denn sobald du weißt, wohin die Reise gehen soll, kannst du den genauen Weg festlegen und die richtigen Schritte unternehmen. Sonst nicht.

Ziele sind dabei keine klassischen Druckmittel, die dich in ein vorgefertigtes System zwingen und einschnüren sollen. Sie sorgen nur dafür, dass du unwichtige Dinge außer Acht lässt und dich auf das Wesentliche konzentrierst. Und das Wesentliche ist genau das, was dir persönlich wichtig ist. Wenn du Ziele hast, weißt du genau, was du tun musst. Aber das Beste ist: Du kannst sie dir selbst aussuchen. Dazu müssen deine Ziele nur ein paar wichtige Eckpunkte haben. Diese werden im SMART-Konzept zusammengefasst: Deine Ziele müssen spezifisch, messbar, angemessen, realistisch und terminiert sein.

Arschtritt!

✎ Aufgabe

✔ Lege fünf Ziele für Aufgaben aus deinem aktuellen Semester fest! Benutze dazu das SMART-Konzept!

♀ Beispiele

✔ Spezifisch: nicht „Ich werde die Klausur ganz gut bestehen.", sondern „Ich werde die Klausur mit der Note 2,0 bestehen.".

✔ Messbar: nicht „Ich werde morgen Nachmittag etwas für die Uni machen.", sondern „Ich werde morgen Nachmittag von 14:00 Uhr bis 17:00 Uhr für das Fach XYZ lernen.".

✔ Angemessen: nicht „Morgen wiederhole ich den ganzen Tag die unnötigen Definitionen aus Kapitel 2.", sondern „Morgen werde ich zwei Stunden lang wichtige Grundlagen aus Kapitel 2 lernen. Danach mache ich eine Pause.".

✔ Realistisch: nicht „Heute Abend werde ich vier Kapitel aus dem Buch zusammenfassen und 30 Seiten meiner Bachelorarbeit schreiben.", sondern „Heute Abend werde ich zwei Stunden an meiner Zusammenfassung von Kapitel 1 bis 4 arbeiten und danach eine Stunde an meiner Bachelorarbeit schreiben.".

✔ Terminiert: nicht „Ich werde das Vorlesungsskript lesen.", sondern „Samstagnachmittag werde ich von 13:00 Uhr bis 17:00 Uhr das Vorlesungsskript lesen.".

📢 Arschtritt-Faktor

#6 Schreibe deine Ziele auf!

Ein Ziel wird erst dann zu einem richtigen Ziel, wenn du es schriftlich fixierst. Gewöhne dir daher an, deine Ziele aufzuschreiben. Ganz klassisch auf Papier. Auf den ersten Blick sieht das zwar nur wie ein kleiner Schritt aus, aber dieser Punkt hat großen Einfluss auf deine Erfolgsaussichten und auf deine Handlungsbereitschaft. Sehr großen sogar.

Indem du dein Ziel aufschreibst, machst du es greifbar: Du kannst es sehen und anfassen. Und dadurch wird es real. Es ist jetzt kein verschwommener Wunsch oder irgendeine Fantasievorstellung mehr, sondern ein verbindliches Ziel. Dein Ziel. Es steht vor dir; du kannst es sehen. Und deswegen wirst du dich viel eher mit ihm auseinandersetzen und alles dafür tun, um es zu erreichen. Du kannst dein Ziel nicht mehr einfach aus deinen Gedanken streichen. Es steht vor dir und ist nicht mehr aus der Welt zu schaffen.

Ein schriftlich fixiertes Ziel wird dich motivieren und anstacheln. Es ist mehr als eine reine Interessensbekundung; es handelt sich eher um eine offizielle Vereinbarung mit dir selbst. Die Wahrscheinlichkeit, dass du dich an diese Abmachung hältst (oder es zumindest versuchst), ist viel größer als bei einer spontanen Idee, die nur in deinem Kopf herumschwirrt.

Arschtritt!

✏ Aufgabe

- ✔ Formuliere fünf schriftliche Ziele für deine Aufgaben im aktuellen Semester! Schreibe deine Ziele gut sichtbar auf ein Blatt Papier und platziere dieses so, dass du es mehrmals täglich siehst!

💡 Beispiele

- ✔ „Ich werde heute 30 Minuten in Buch X lesen."

- ✔ „Ich werde morgen zur Vorlesung X gehen."

- ✔ „Ich werde in diesem Semester die folgenden Prüfungen bestehen: …"

- ✔ „Ich werde die Prüfung X mit der Note Y abschließen."

- ✔ „Ich werde in diesem Semester mindestens einen Monat vor jedem Prüfungstermin mit dem Lernen beginnen."

- ✔ „Ich werde im nächsten Semester ein Auslandssemester in Australien absolvieren."

📢 Arschtritt-Faktor

#7 Visualisiere deine Ziele!

Ihre volle Antriebskraft entfachen deine Ziele erst, wenn du sie dir bildlich vorstellst. Visualisierung heißt das Zauberwort: Sobald du dir deine Ziele im Detail vorstellst und dir in Gedanken ausmalst, wie großartig deine Situation sein wird, entsteht eine tiefe Motivation in dir, diesen Zustand auch wirklich zu erreichen.

Es geht nicht darum, sich in eine Fantasiewelt zu flüchten und diese Wunschvorstellung mit der Realität zu verwechseln. Du darfst dich nicht auf dem Gedanken ausruhen, dass alles in Ordnung sei und dass dir – komme, was wolle – eine rosige Zukunft bevorstünde. Nein: Du hast deine Zukunft selbst in der Hand und kannst ganz alleine für deine schönsten Erfolge sorgen. Um dort hinzukommen, musst du dir diese Glücksmomente jedoch erst einmal bildhaft vorstellen und ganz genau vor Augen haben, was du erreichen möchtest. Erst dann kannst du zielgerichtet den Weg dorthin einschlagen.

Erstelle deshalb zu jedem deiner Ziele ein starkes mentales Bild, indem du dir vorstellst, wie glücklich und zufrieden du sein wirst, wenn du dein Ziel erreicht hast. Wie wirst du dich fühlen? Welche positiven Konsequenzen erwarten dich? Wie wirst du dich belohnen? Wie verbessert sich deine Situation? Wie stolz wirst du auf dich sein? Stelle dir konkret vor, welche Auswirkung das Erreichen deiner Ziele auf dein Leben haben wird und male dir diesen Zustand im Detail aus.

Arschtritt!

✏️ Aufgabe

- ✔ Wähle eines deiner persönlichen Ziele aus und erstelle dazu ein starkes mentales Bild! Ziehe dich an einen ruhigen Ort zurück und visualisiere dein Ziel so lange, bis du von der Vorstellung so begeistert bist, dass du direkt den ersten Schritt zur Umsetzung unternehmen möchtest!

💡 Beispiele

- ✔ „Wenn ich alle Klausuren in diesem Semester bestanden habe, werde ich erleichtert und zufrieden sein. Der ganze Prüfungsstress fällt ab und ich fühle mich richtig wohl. Meine Eltern und Freunde werden stolz auf mich sein. Danach mache ich zwei Wochen Urlaub in Spanien…"

- ✔ „Sobald ich meine Studienarbeit abgegeben habe, bleibt mir endlich wieder Zeit für meine Hobbys. Wenn das Ergebnis gut ausfällt, hat sich die harte Arbeit gelohnt. Mein Professor wird meine Leistung anerkennen und mich loben..."

- ✔ „Nachdem ich mein Studium beendet und meinen Abschluss in der Tasche habe, stehen mir alle Möglichkeiten offen. Ich kann mir einen Job aussuchen, der mich begeistern und nie langweilen wird. Ich werde nie wieder finanzielle Schwierigkeiten haben und jeden Morgen mit einem Lächeln auf dem Gesicht aufstehen…"

📢 Arschtritt-Faktor

#8 Zähle die Vorteile deines Handelns auf!

Menschen sind so eingestellt, dass sie gerne Dinge tun, von denen sie sich große positive Auswirkungen auf ihr Leben erhoffen. Doch manchmal sind diese Vorteile auf den ersten Blick nicht erkennbar oder treten nur beiläufig in den Vordergrund. Das hat zur Folge, dass viele Aufgaben unerledigt bleiben, obwohl sie einen erheblichen Nutzen für dich hätten.

Wenn du es hingegen schaffst, möglichst viele Vorteile deiner Aktion zu benennen, kannst du deren Antriebskraft für dich arbeiten lassen. Denn sobald du die positiven Konsequenzen bewusst wahrnimmst, wird sich eine automatische Grundbereitschaft zum Handeln bei dir einstellen – und die brauchst du dann nur noch auf deine Aufgaben zu übertragen.

Stelle dazu eine ausführliche Liste der Vorteile zusammen, die dich erwarten, wenn du eine bestimmte Aktion ausführst. Sammle jeden positiven Effekt, der in irgendeiner Form möglich wäre. Lasse nichts aus und stelle dir jeden Vorteil bildlich vor. Was wird dich Schönes erwarten, wenn du am Ziel bist? Wie wird sich dein Leben verbessern, wenn du jetzt dranbleibst? Welchen Nutzen hättest du?

Arschtritt!

✏ Aufgabe

✔ Wähle ein Ziel aus und erstelle dazu eine Liste mit Vorteilen, die dich erwarten, wenn du deine Aufgabe abgeschlossen hast! Sammle mindestens zehn Vorteile!

💡 Beispiele

✔ Lerneinheit durchführen: „Wenn ich jetzt 60 Minuten lang lerne, erwarten mich folgende Vorteile: besseres Verständnis, frühe Prüfungsvorbereitung, bessere Note, weniger Stress am Ende des Semesters, gutes Gewissen, ich komme in der nächsten Vorlesung besser mit, Probleme mit dem Lernstoff fallen mir früh auf…"

✔ Studium planen: „Wenn ich jetzt mein Studium plane, erwarten mich folgende Vorteile: bessere Studienübersicht, ich vergesse keine Fristen mehr, ich kann beruhigt studieren, meine Lernphasen habe ich rechtzeitig im Blick, ich gerate nicht in Zeitnot, ich kann mit viel Vorlaufzeit mein Auslandssemester planen…"

✔ Studentenwohnung aufräumen: „Wenn ich jetzt meine Wohnung aufräume, erwarten mich folgende Vorteile: Ich fühle mich wohler, ich muss weniger suchen, Gäste fühlen sich bei mir wohl, die Ordnung könnte sich auf mich und meine Gedanken übertragen, ich spare unterm Strich Zeit, wenn ich Ordnung halte, in einer sauberen Umgebung bin ich produktiver…"

📣 Arschtritt-Faktor

#9 Finde deine Vision!

Viele Studenten verschwenden Zeit und Energie beim Studieren. Sie quälen sich durch Vorlesungen, die sie nicht interessieren, schieben alles bis zur letzten Minute auf und erledigen nur das Nötigste für ihr Studium, um am Ende mit einer halbwegs passablen Note abzuschließen. Diese Studenten haben alle etwas gemeinsam; ihnen fehlt etwas: eine Vision.

Eine Vision ist ein übergeordnetes Ziel für dein Studium. Sie ist eine motivierende Vorstellung, die dich an die Hand nimmt und durch schwierige Zeiten führt. Deine Vision drückt aus, wo du in Zukunft stehen möchtest; sie gibt die Richtung vor und zeigt dir, was du tun musst, um glücklich zu werden. Ohne Vision bist du orientierungslos und wirst nie dein volles Potenzial abrufen können. Und das ist traurig.

Deine Vision steht über konkreten Zielen wie „mit einem Einser-Schnitt abschließen", „in Regelstudienzeit studieren" oder „ein Auslandssemester absolvieren". Durch diese übergeordnete Position gibt sie dir Halt und unterstützt dich dabei, deine Ziele zu erreichen. Um deine perfekte Vision zu finden, musst du dir Gedanken über deine Werte und grundlegenden Einstellungen machen. Folgende Fragen helfen dir dabei: Wo stehe ich? Was möchte ich erreichen? Wann möchte ich es erreichen? Wie möchte ich es erreichen? Warum möchte ich es erreichen?

Arschtritt!

✏️ **Aufgabe**

- ✔ Finde deine eigene Vision für dein Studium, indem du die fünf oben gestellten Fragen schriftlich beantwortest!

💡 **Beispiele**

- ✔ Wo stehe ich: „Ich bin im dritten Semester. Schwierigkeiten hatte ich bei Modul X, aber ich habe mich durchgebissen. Am meisten Spaß gemacht hat mir Modul Y. Während des Semesters bin ich eher faul und kurz vor den Prüfungen lerne ich wie verrückt, damit ich alles schaffe...“

- ✔ Was möchte ich erreichen: „Nach meinem Studium möchte ich Experte auf dem Gebiet X sein und mich perfekt in dieser Thematik auskennen. Ich möchte etwas gefunden haben, was mich fasziniert und begeistert...“

- ✔ Wann möchte ich es erreichen: „Mit Mitte 20 möchte ich mein Studium abgeschlossen haben. Regelstudienzeit ist für mich nicht das Wichtigste, wenn ich dafür ein glückliches und erfolgreiches Studium haben kann...“

- ✔ Wie möchte ich es erreichen: „Um mein Ziel zu erreichen, muss ich meine Zeit besser organisieren und darf mich nicht so viel ablenken lassen. Vor jedem Semester erstelle ich mir einen groben Plan, der so aussehen könnte: …“

- ✔ Warum möchte ich es erreichen: „Ich möchte mich im Studium selbst verwirklichen und über meine Grenzen hinaus verbessern. Nach dem Studium möchte ich...“

📢 **Arschtritt-Faktor**

#10 Denke an deine Erfolge – und schöpfe daraus Kraft!

In Erinnerungen aus der Vergangenheit zu schwelgen und an Geschehenem festzuhalten, bringt dich normalerweise nicht weiter. Du musst in die Zukunft blicken und darfst dich nicht von Dingen aufhalten lassen, die du ohnehin nicht mehr ändern kannst. Doch es gibt eine Ausnahme: deine Erfolge.

Gedanken an persönliche Erfolge können dich beflügeln und dir eindrucksvoll zeigen, wozu du fähig bist. Wenn du dir erfolgreiche Handlungen ins Gedächtnis rufst und es dir gelingt, die damalige Situation auf deine aktuelle Lage zu übertragen, kannst du eine ähnliche Dynamik entfalten. Du knüpfst sozusagen an deine alten Erfolge an und machst einfach dort weiter, wo du aufgehört hast.

Doch bei aller Euphorie: Du darfst deinen Schwenk in die Vergangenheit nicht dazu nutzen, um dich auf deinen Erfolgen auszuruhen. Ja: Du hast etwas Tolles erreicht. Aber, wenn du dich entspannt zurücklehnst und abwartest, sind deine Verdienste schnell überholt und du kämpfst wieder um den Anschluss. Du sollst Kraft aus deiner Vergangenheit schöpfen, Selbstbewusstsein tanken und dann motiviert weitermachen. Erst danach darfst du die Beine hochlegen.

Arschtritt!

✏️ **Aufgabe**

- ✔ Denke an einen großen persönlichen Erfolg aus der Vergangenheit und versetze dich in die damalige emotionale Lage! Was hast du Großartiges erreicht? Warum warst du so erfolgreich? Was hast du genau gemacht, um dein Ziel zu erreichen? Wie hast du dich gefühlt? Übertrage deine Erinnerung auf deine aktuelle Situation!

💡 **Beispiele**

- ✔ Abiklausur: „Eine meiner Abiklausuren lief richtig gut. Ich habe fast alle möglichen Punkte geholt und mich danach total erleichtert und glücklich gefühlt. Ich hatte in der Nacht zuvor kaum geschlafen und war unglaublich aufgeregt, obwohl ich recht viel gelernt hatte. Doch der Aufwand damals hat sich gelohnt. Als die Aufgabenstellung ausgeteilt wurde, war ich hoch konzentriert und konnte sofort mit der Bearbeitung anfangen…"

- ✔ Prüfung: „In meinem ersten Semester habe ich– nachdem ich den ersten Versuch in den Sand gesetzt hatte – eine Prüfung mit einer 1,3 im zweiten Anlauf bestanden. Ich habe mich nicht hängen lassen, sondern zwei Wochen lang hart dafür gearbeitet und jeden Tag mehrere Stunden gelernt..."

- ✔ Schriftliche Hausarbeit: „Für meine letzte Hausarbeit habe ich eine glatte 1 bekommen. Außerdem hat mich der Dozent für meine Leistung gelobt…"

📢 **Arschtritt-Faktor**

#11 Lege eine Belohnung fest!

Bei einigen deiner Vorhaben reichen die besten Erfolgsaussichten und vielversprechendsten Vorteilskataloge nicht aus, um dir einen motivierten Start zu ermöglichen. Was du dann brauchst, sind konkrete Anreizsysteme, die eine Initialzündung bei dir auslösen: Du brauchst eine Belohnung; eine Belohnung, auf die du dich freuen und hinarbeiten kannst.

Es ist so ähnlich wie mit dem Esel und der Karotte: Sobald du ein (scheinbar) greifbares Ziel vor Augen hast, gibst du alles, um deinen symbolischen Köder zu erreichen. Eine Belohnung beflügelt dich und hilft dir dabei, deine Aufgaben ergebnisorientiert zu erledigen: Du legst Sonderschichten ein und gibst das eine entscheidende Prozent mehr. Und das nur, weil dich am Ende etwas Schönes erwartet. Sobald du für die Verwirklichung deiner Ziele und Zwischenschritte eine konkrete Belohnung festgelegt hast, entwickelst du eine deutlich aggressivere Dynamik und arbeitest viel fokussierter.

Die Belohnung muss dabei nicht einmal besonders groß oder teuer sein. Wichtig ist nur, dass sie in dir den tiefen inneren Wunsch weckt, das gesetzte Ziel unter allen Umständen erreichen zu wollen. Aus diesem Grund muss die Belohnung einen wirklichen Mehrwert für dich haben und Glücksgefühle auslösen. Wenn du hingegen versuchst, bei deinem Anreizsystem Abstriche zu machen, verfehlt diese Strategie ihren Sinn und die ausgehende Motivation deiner Belohnung verpufft schneller, als du „iah" sagen kannst.

Arschtritt!

✎ Aufgabe

✔ Lege für die Fertigstellung deiner nächsten Aufgabe eine konkrete Belohnung mit großem Mehrwert für dich fest! Formuliere dein Anreizsystem schriftlich!

♀ Beispiele

✔ „Wenn ich heute 60 Minuten lang lerne, darf ich danach eine Folge meiner Lieblingsserie schauen."

✔ „Wenn ich in dieser Woche keine Vorlesung ausfallen lasse, treffe ich mich am nächsten Wochenende mit meiner Freundin/meinem Freund."

✔ „Wenn ich die Prüfung nächste Woche mindestens mit der Note 2,0 bestehe, fahre ich danach für drei Tage in Urlaub."

📢 Arschtritt-Faktor

#12 Sprich mit dir selbst!

In vielen anstrengenden Situationen, in denen dir der Antrieb fehlt, brauchst du eigentlich nur einen Menschen, der dir gut zuredet oder dich anfeuert. Falls gerade niemand in deiner Nähe ist: Sei du selbst dieser Mensch!

Durch kleine Selbstgespräche kannst du dich beruhigen und dir neue Kraft geben. Du kannst dich selbst aufrichten und dafür sorgen, dass deine wartenden Herausforderungen weniger bedrohlich aussehen und du schneller einen Anfang findest. Aber: Achte darauf, wie du mit dir sprichst! Anstatt schlecht über dich zu reden oder eine Beschwerde nach der anderen rauszulassen, solltest du positiv bleiben. Sag dir, warum du es schaffen wirst und was für ein cleveres Kerlchen du bist.

Anstatt „Oh Gott, ist das viel!" und „Das schaffe ich nie!" kannst du dir sagen: „Ich habe schon viel erreicht, das werde ich auch noch schaffen." oder ganz einfach: „Alles wird gut." Damit sorgst du für eine positive Grundstimmung und gibst dir selbst Kraft. Besonders dann, wenn du regelmäßig in negative und sehr selbstkritische Gedankenmuster verfällst, kann dir diese Methode dabei helfen, motiviert und optimistisch zu bleiben.

Arschtritt!

✏ Aufgabe

- ✔ Führe ein motivierendes Selbstgespräch! Erkläre dir selbst, warum du deine nächste Aufgabe schaffen wirst und nenne drei konkrete Gründe!

💡 Beispiele

- ✔ „Ich werde heute Kapitel 2 und 3 aus dem Lehrbuch lesen und zusammenfassen. Ich kann mir zwar schönere Beschäftigungen vorstellen, aber danach werde ich erleichtert und stolz auf mich sein. Ich werde es nicht aufschieben, sondern mich durcharbeiten – und ich habe die Selbstdisziplin dazu."

- ✔ „Ich werde heute Nachmittag für meine nächste Prüfung lernen und dazu alte Prüfungsaufgaben durcharbeiten. Im Moment habe ich noch nicht viel Lust dazu, aber wenn ich erst einmal angefangen habe, finde ich meinen Flow und werde die Sache gut zu Ende bringen. Letztes Semester habe ich das auch so gemacht und war damit richtig erfolgreich."

- ✔ „Ich werde jetzt mit der Vorbereitung meiner Präsentation beginnen. Wegen des Vortrags bin ich zwar nervös, wenn ich meine Folien aber gut erstelle und meinen Vortrag gewissenhaft vorbereite, werde ich es schon schaffen. Ich bin gut darin, Dinge schriftlich vorzubereiten. Außerdem bin ich kreativ und kann sympathisch reden."

📢 Arschtritt-Faktor

#13 Programmiere deine Sprache um!

Worte sind mächtig. Das weißt du nicht erst seit deiner letzten Klausur. Ein einziges Wort kann alles verändern: Es kann dich zum Sieger machen, Beziehungen retten, beruhigen oder dich in den Abgrund reißen. Die richtigen Worte zu finden, ist eine Kunst, die nicht jeder beherrscht. Und: Deine Wortwahl hat nicht nur Einfluss darauf, wie dich andere Menschen wahrnehmen. Deine Worte und Gedanken können auch dein eigenes Verhalten stark beeinflussen und dafür sorgen, dass aus dir ein besserer Student wird.

So subtil es klingen mag: Du kannst dich mit deinen eigenen Worten steuern und dafür sorgen, dass dein Gehirn damit aufhört, die besten Vorsätze zu sabotieren. Eine der einfachsten und wirkungsvollsten Methoden, das Gehirn zu überlisten, ist die Anpassung der eigenen Wortwahl. Durch die Auswahl der Worte und Gedankenmuster lässt sich das eigene Verhalten umprogrammieren und so beeinflussen, dass du schneller und glücklicher deine Ziele erreichst.

Probleme und Blockaden sind meistens Kopfsache. Manchmal reicht es schon, wenn du deine Sprache leicht änderst, um den Kopf wieder freizubekommen. Denn dann kannst du dein Denken schrittweise neu ausrichten und festgefahrene Muster aufbrechen. Als Belohnung erhältst du eine andere Perspektive und kannst neue Lösungswege für deine täglichen Aufgaben finden. Außerdem wirken Probleme häufig nicht mehr so unlösbar, wie sie dir ursprünglich erschienen.

Arschtritt!

✏ Aufgabe

✔ Analysiere deine Denkweise und suche nach negativen Sprachmustern! Ersetze sie dann durch positive Ansätze! In welchen Situationen bist du besonders pessimistisch oder selbstkritisch? Programmiere deine Sprache um!

💡 Beispiele

✔ Suche nach der Lösung und konzentriere dich nicht auf das Problem: nicht „Die Vorlesung ist langweilig.", sondern „So wie ich die Vorlesung angehe, ist sie nicht sehr interessant. Also werde ich meine Strategie ändern und den Vorlesungsstoff vorher vorbereiten." (Durch diesen Ansatz rückt das Problem in den Hintergrund und du konzentrierst dich nur auf die Lösung.)

✔ Benutze „und" statt „aber": nicht „Ich will heute noch lernen, aber ich habe zu wenig Zeit.", sondern „Ich will heute noch lernen und ich habe wenig Zeit." (Durch die Verwendung des Wortes „und" verbindet dein Gehirn beide Satzinhalte und sucht nach einer Lösung, wie man beides unter einen Hut bekommt.)

✔ Ersetze „müssen" durch „wollen": nicht „Ich muss heute noch dies und das erledigen.", sondern „Ich will heute noch dies und das erledigen." (Durch diesen Ansatz erkennst du, dass deine Aufgaben genau das sind, was du für dich ausgewählt hast – auch wenn es auf den ersten Blick nervig und anstrengend erscheint.)

📢 Arschtritt-Faktor

#14 Lies ein motivierendes Zitat!

Falls du im Moment selbst keine motivierenden Worte findest, kannst du die Sache auslagern und auf Zitate zurückgreifen. Bekannte Sätze von herausragenden Persönlichkeiten oder Sinnsprüche, die nicht albern oder spirituell sind, sondern ein wahres Feuerwerk der Motivation in dir auslösen, können der perfekte Anschub für dich sein.

Ein schönes Zitat zur passenden Zeit kann dich zum Nachdenken anregen und dir neuen Mut machen – im besten Fall motiviert es dich zudem ungemein. Solltest du also an dir zweifeln und glauben, dass du deine Ziele ohnehin nicht erreichen wirst, dann hol dir einen Denkanstoß von Menschen, die eine ähnliche Situation durchgemacht haben. Lerne von den Besten der Besten und lass dich durch Worte, die schon Millionen anderer Menschen aktiviert haben, ebenfalls in Schwung bringen.

Zitate können dir die Augen öffnen und durch winzige Impulse deine positive Einstellung zurückbringen. Außerdem förderst du damit deine Allgemeinbildung und kannst eine kleine Sammlung für besondere Anlässe oder zukünftige Downphasen anlegen. Jedes Mal, wenn du etwas Inspiration oder Aufmunterung brauchst, kannst du darauf zurückgreifen.

Arschtritt!

✏ Aufgabe

- ✔ Führe eine kurze Online-Recherche (fünf bis zehn Minuten) durch und sammle dabei zehn Zitate, die dich motivieren oder deine Gedanken auf Trab bringen! Schreibe eines der Zitate auf ein Blatt Papier oder ein Post-it und platziere es so an deinem Arbeitsplatz, dass du es gut sehen kannst!

💡 Beispiele

- ✔ „Erfolg ist die Fähigkeit, von einem Misserfolg zum anderen zu gehen, ohne seine Begeisterung zu verlieren." (Winston Churchill)
- ✔ „Im Schmerz von gestern liegt die Kraft von heute." (Paulo Coelho)
- ✔ „Ich habe 30 Jahre gebraucht, um über Nacht berühmt zu werden." (Harry Belafonte)
- ✔ „Schreiben ist leicht. Man muss nur die falschen Wörter weglassen." (Mark Twain)
- ✔ „Ich habe nicht versagt. Ich habe nur 10.000 Wege gefunden, die nicht funktionieren." (Thomas A. Edison)
- ✔ „Glaube nicht alles, was du denkst." (Byron Katie)
- ✔ „Nicht weil es schwer ist, wagen wir es nicht, sondern weil wir es nicht wagen, ist es schwer." (Lucius A. Seneca)

📢 Arschtritt-Faktor

#15 Höre einen Power-Song!

Musik kann dich zu Höchstleistungen bringen und deinen Fokus schärfen. Profisportler ziehen sich kurz vor Wettkämpfen mit ihren Lieblingstracks zurück und sammeln so Energie – und das gleiche Vorgehen kannst du für dein Studium nutzen und auf deine Motivationsprobleme übertragen.

Dein Studium ist nichts anderes als ein Wettkampf. Ein Wettkampf gegen den Lernstoff. Ein Wettkampf gegen den Leistungsdruck. Ein Wettkampf gegen dich selbst. Und bevor du dich jeder einzelnen Herausforderung im Rahmen dieser Meisterschaft stellst, ziehst du dich kurz zurück, spielst deinen ganz persönlichen Powersong und sammelst neue Energie.

Wie jeder Mensch, der sich für Musik interessiert, wirst auch du einen oder mehrere Songs kennen, die dich beflügeln, dir ein Lächeln aufs Gesicht zaubern oder für etwas Gänsehaut sorgen. Nutze diese emotionalen Musikstücke, um dich für deine Lernsessions einzustimmen und neue Motivation daraus zu schöpfen.

Arschtritt!

✏️ Aufgabe

- ✔ Wähle einen bestimmten Song aus deiner Playlist aus und mache ihn zu deiner Studierhymne! Vor jeder Aktion (bevor du zur Vorlesung gehst, bevor du dich an den Schreibtisch setzt und lernst, bevor du deine Klausurvorbereitung startest) hörst du dir ab jetzt dieses Stück an – es ist deine Einlaufhymne und deine Initialzündung fürs Studieren.

💡 Beispiele

- ✔ „Eye of the tiger" (Survivor)
- ✔ „Ready or not" (The Fugees)
- ✔ „Firestarter" (The Prodigy)
- ✔ „Little less conversation" (Elvis Presley vs. JXL)
- ✔ „An Tagen wie diesen" (Die Toten Hosen)

📢 Arschtritt-Faktor

#16 Zerstückle deine Aufgabe!

Die Hauptgründe für Überforderung und fehlende Motivation im Studium sind zu hohe Erwartungen und viel zu komplexe Aufgaben. Wenn du deine Ziele zu groß formulierst, kann das abschreckend und demotivierend sein. Du hast dann keine Lust, anzufangen, weil du den Wald vor lauter Bäumen nicht siehst. Oder: Du startest zwar, verläufst dich aber und gibst dann gestresst und entmutigt auf.

Eine einfache und wirkungsvolle Möglichkeit, großen Aufgaben ihren Schrecken zu nehmen, ist das Aufteilen. Gewöhne dir an, große Aufgaben nicht mehr als Ganzes zu sehen und denke stattdessen in kleinen Etappen. Unterteile deine anstehenden Projekte in kleine, durchführbare Einheiten und arbeite dich dann Schritt für Schritt durch. Die Gesamtheit behältst du natürlich im Blick – für die Durchführung spielt sie aber keine Rolle mehr.

Wenn du kleinschrittiger vorgehst, kannst du dir deine Arbeit besser einteilen und verschaffst dir regelmäßig kleine Erfolgserlebnisse. Jedes Mal, wenn du einen Punkt auf deiner To-do-Liste abgeschlossen hast, machst du einen Schritt nach vorne und kommst deinem Ziel kontinuierlich näher. Außerdem behältst du bei komplexen Aufgaben viel leichter die Übersicht und verzettelst dich nicht so häufig.

Arschtritt!

✎ Aufgabe

- ✔ Wähle eine große Aufgabe aus und zerstückle sie in die kleinsten durchführbaren Einheiten! Gehe möglichst detailliert vor und erstelle einen kleinschrittigen Arbeitsplan!

💡 Beispiele

- ✔ Definitionen lernen: alle Vorlesungsunterlagen zusammenstellen, nach Definitionen suchen und herausschreiben, für jede Definition eine Karteikarte erstellen, Karten nummerieren, jede Karteikarte zwei Mal durchgehen, zu jeder Definition ein eigenes Beispiel überlegen, nochmal jede Karteikarte durchgehen, Karteikarten ablegen.

- ✔ Vorlesungsfolien zusammenfassen: Folien herunterladen, Folien ausdrucken, Folien lesen und wichtige Infos unterstreichen, Folie für Folie durchgehen und zusammenfassen, farbliche Markierungen setzen, weiterführende Quellen vermerken, offene Fragen notieren, Zusammenfassung ablegen.

- ✔ Literaturrecherche für die Studienarbeit durchführen: einfache Google-Recherche, Recherche mit GoogleScholar, Recherche in der Hochschulbibliothek, Recherche in Sekundärquellen, relevante Literaturquellen auf einer Liste sammeln, Quellen besorgen (digital oder ausgedruckt), Quellen überfliegen und sortieren, relevante Quellen zusammenfassen, Zusammenfassungen in die Studienarbeit einfügen, Studienarbeit speichern.

📣 Arschtritt-Faktor

#17 Denke nur an den nächsten Schritt!

Wenn du produktiv studieren möchtest, musst du dich fokussieren. Deine volle Aufmerksamkeit muss auf das Hier und Jetzt gerichtet sein. Kümmere dich nicht um zehn Dinge zur gleichen Zeit, sondern arbeite eine Maßnahme nach der anderen ab. Singletasking lautet ab jetzt deine Devise: Erledige nur eine einzige Sache und konzentriere dich auf deine aktuelle Aufgabe – mehr nicht.

Denke nur an den nächsten Schritt und kümmere dich ausschließlich um diese eine (Teil-)Aufgabe. Denn erstens kannst du eh nicht alles schaffen und zweitens bringt es nichts, zu viele Baustellen zur gleichen Zeit aufzumachen. Du musst Schritt für Schritt vorgehen und dich langsam, aber beständig deinem Ziel nähern. Erfolgreiche Studenten praktizieren deshalb fast nie Multitasking, sondern fokussieren sich immer nur auf eine Sache. Diese einfache Grundregel ist ein wahrer Produktivitäts-Booster und sorgt dafür, dass du konzentriert bleibst und deine Aufgaben schneller nacheinander erledigen kannst.

Das wichtigste Grundprinzip lautet also: Erledige immer nur eine einzige Aufgabe zur gleichen Zeit! Frage dich: „Was ist als nächstes zu tun?" und notiere alle störenden Gedanken zu späteren Aufgaben oder Projektbausteinen auf einer separaten Liste, um die du dich im Anschluss kümmerst. Jetzt zählt nur dein nächster Schritt.

Arschtritt!

✏ Aufgabe

- ✔ Denke in Schritten und unterteile eine aktuelle Aufgabe in kleine durchführbare Einheiten! Dann: Beschäftige dich immer nur mit dem nächsten Schritt!

♀ Beispiele

- ✔ Lernen: Der erste Schritt ist „an den Schreibtisch setzen", der zweite Schritt ist „Lernunterlagen bereitlegen", der nächste Schritt ist „Zusammenfassung durchsehen"…

- ✔ Buch lesen: Der erste Schritt ist „mit dem Buch auf den Balkon setzen", der zweite Schritt ist „Buch aufschlagen", der nächste Schritt ist „eine Seite lesen"…

- ✔ Prüfungsvorbereitung: Der erste Schritt ist „an den Schreibtisch setzen", der zweite Schritt ist „Endpunkt von gestern wiederfinden", der nächste Schritt ist „Übungsaufgabe 3.2 bearbeiten"…

📣 Arschtritt-Faktor

#18 Mache dich startklar!

Du kannst dir das Anfangen besonders leichtmachen, indem du alle nötigen Vorkehrungen für einen einfachen Start triffst und deine Aktion – soweit es geht – vorbereitest. Denn wenn deine Aufgaben vorbereitet sind, kannst du dich einfach an die Arbeit machen – du brauchst sie nicht immer wieder neu zu durchdenken oder nach fehlenden Infos und Arbeitsmaterial zu suchen. Du behältst den Überblick und kannst dich mit dem Wesentlichen befassen. Und das schärft deine Konzentration, minimiert dein Stresslevel und gibt dir mehr Durchhaltevermögen.

Der Trick dabei ist es, sich in eine Situation zu bringen, in der du nicht dazu gezwungen bist, anzufangen, sondern in der das Anfangen die natürlichste Sache der Welt ist. Sobald alle Informationen vorhanden sind, sämtliche Hilfsmittel bereitliegen und jede Rahmenbedingung „Es passt alles, fang an!" schreit, kannst du gar nicht anders, als in Schwung zu kommen.

Sobald alle Lernmaterialen vor dir ausgebreitet sind, kannst du nur noch mit dem Lernen beginnen. Sobald deine Studienarbeit vor dir am Computer geöffnet ist, kannst du gar nicht anders, als mit dem Schreiben zu beginnen. Du hast dann keine Ausreden mehr; der nächste Schritt ist unweigerlich der Beginn der Bearbeitung deiner Aufgabe.

Arschtritt!

✏ Aufgabe

- ✔ Mache dich startklar und triff alle nötigen Vorbereitungen für deine nächste Aufgabe! Organisiere dich soweit, dass der nächste Schritt direkt zum Beginn deiner geplanten Aktion führt!

♀ Beispiele

- ✔ Räume deinen Schreibtisch auf und sortiere deine Lernunterlagen so, dass an deinem Arbeitsplatz eine nahezu perfekte Ordnung herrscht!

- ✔ Lege alle Materialien (Bücher, Skripte, Mitschriften, Foliensätze und so weiter) bereit, die du für deine nächste Lernsession benötigst!

- ✔ Öffne das Textdokument oder das Software-Programm, mit dem du in wenigen Augenblicken arbeiten möchtest; schließe alle anderen Anwendungen auf deinem Computer!

📢 Arschtritt-Faktor

#19 Nutze deine Komfortzone!

Niemand verlässt gerne seine Komfortzone – denn dort ist es schön gemütlich und sicher. In deiner Komfortzone fühlst du dich wohl. Du kennst dich aus, weißt genau, was zu tun ist und musst dich nicht mit Veränderungen auseinandersetzen. Verlässt du dein persönliches Königreich, musst du dich mit der harten, rauen Welt beschäftigen und hast nicht – wie gewohnt – alles im Griff. Du fühlst dich unsicher und weißt nicht, was auf dich zukommt. Die Folge: Du zweifelst an dir und deinen Erfolgschancen. Und diese Zweifel können dich bremsen und lähmen.

Doch genau diesen Punkt kannst du dir zunutze machen: Wenn du eine neue Aufgabe angehen willst, dann starte dabei innerhalb deiner Komfortzone, bevor du einen Schritt weitergehst und sie verlässt. Denn wenn du in deinem Wohlfühlbereich bleibst, fällt dir der Start leichter. Du bist in deiner bekannten Umgebung und kennst die Spielregeln. Arbeit fühlt sich weniger nach Arbeit an und bevorstehende Veränderungen sehen zunächst harmlos aus.

Wenn du dich dann herangetastet hast und bereit dazu bist, den ersten Schritt zu machen, dann achte darauf, dass es ein Schritt-chen und kein 3-Meter-Sprung ist. Fange immer klein an und überfordere dich nicht direkt zu Beginn. Taste dich heran, nähere dich vorsichtig deinem Ziel. Gehe langsam, aber entschlossen vor. Damit reduzierst du die Wahrscheinlichkeit, zu scheitern und hältst dein Unbehagen auf einem annehmbaren Niveau.

Arschtritt!

✏ Aufgabe

- ✔ Bestimme deine persönliche Komfortzone und starte deine nächste Aufgabe innerhalb dieses Bereichs! Lege fest, wann und wie du dich wohlfühlst und gestalte deine Anfangsbedingungen so sicher und bequem wie möglich!

💡 Beispiele

- ✔ Lesen: Du liest am liebsten abends im Bett – wenn du das nächste Mal ein Kapitel aus einem Lehrbuch lesen musst, zieh dir etwas Bequemes an und lies im Bett. Danach kannst du an deinen Schreibtisch wechseln.

- ✔ Lernen: Du lernst am liebsten spät abends – verlege deine nächste Lernsession auf den Zeitraum, in dem du produktiv bist und lerne abends. Dafür kannst du am Folgetag etwas länger schlafen; Hauptsache, du kommst in Schwung.

- ✔ Präsentieren: Du sprichst nicht gerne vor vielen Menschen, drei bis vier Personen sind aber für dich in Ordnung – übe deine Präsentation zunächst vor einem kleinen Publikum und taste dich langsam an eine größere Zuhörerschaft heran.

📣 Arschtritt-Faktor

#20 Vergiss die Struktur: Fang einfach irgendwo an!

Anstatt auf den perfekten Moment zu warten und zuerst einen ausgeklügelten Plan aufzustellen, ist es manchmal besser, einfach irgendwo zu starten. Mach dir nicht zu viele Gedanken über dein Vorgehen, sondern starte erst einmal und schaue dann, was sich ergibt. Ansonsten verlierst du schnell deine Aktion aus dem Blick und planst deine Motivation zu Tode.

Wenn du erst mal in Schwung gekommen bist und deine Anfangsschwierigkeiten überwunden hast, kannst du immer noch in eine geordnete Struktur wechseln. Wichtig ist nur, dass du deine PS zunächst auf die Straße bekommst. Wo das passiert, spielt keine Rolle. Schnapp dir dazu einfach eine Aufgabe und starte an einer beliebigen Stelle. Arbeite so lange weiter, bis du in deiner Arbeitsroutine angekommen bist. Bis dahin darfst du aber keine Sekunde über die Struktur nachdenken oder hinterfragen, ob dein Vorgehen optimal ist.

Denk dran: Du bekommst keinen Uniabschluss, wenn du über das Studieren sprichst. Du bekommst keinen Uniabschluss, wenn du vom Studieren träumst. Du bekommst erst dann deinen Abschluss, wenn du wirklich etwas dafür tust. Du musst handeln. Immer und immer wieder. Also: Mach es einfach – und starte irgendwo.

Arschtritt!

✎ Aufgabe

✔ Wähle eine Aufgabe aus und fange sofort mit der Bearbeitung an! Gehe Schritt für Schritt durch die Aufgabe, ohne vorher einen Plan aufzustellen oder eine sinnvolle Struktur festzulegen – fang einfach an!

♀ Beispiele

✔ Zusammenfassung der Vorlesungsfolien schreiben: Fang einfach an, wichtige Definitionen zu sammeln und herauszuschreiben!

✔ Neues Kapitel der Hausarbeit verfassen: Schreib einfach wild drauflos und ordne deine Sätze später!

✔ Studentenwohnung aufräumen: Fang einfach in dem Raum an, in dem du gerade bist und gehe dann von Zimmer zu Zimmer!

📢 Arschtritt-Faktor

#21 Geh weg!

Deine eigenen vier Wände sind nicht immer der beste Ort, um produktiv und effizient zu studieren. Manchmal sind die Störeinflüsse und Ablenkungen zu groß, sodass du keinen Gedanken zu Ende führen kannst. In diesen Situationen hilft dann nur ein strategischer Rückzug: die Flucht in ein anderes Umfeld.

Viele Studenten haben Probleme damit, konzentriert im Homeoffice zu arbeiten. Doch anstatt sich den Schwierigkeiten zu stellen und für eine professionelle Arbeitsatmosphäre zu sorgen, machen sie lieber nichts und verharren in dieser Situation. Dabei müssen sie gar nichts ändern, sondern brauchen nur in eine andere Richtung zu denken.

Die Lösung ist nämlich nur wenige Minuten entfernt: das ruhige Café um die Ecke, der stille Lernraum in der Bibliothek oder der freie Hörsaal. Das alles sind Orte, an die du dich zurückziehen kannst, wenn du ungestört lernen oder arbeiten möchtest. Es sind Oasen der Ruhe; niemand belästigt dich und deine Ablenkungen kannst du zu Hause lassen. Wenn du dich in deinem Zimmer nicht zum Studieren motivieren kannst, dann tu es einfach nicht. Niemand verlangt von dir, dass du deine Arbeit mit nach Hause nimmst und Privates mit Studentischem vermischst. Durchbrich dieses Muster und geh weg.

Arschtritt!

✏ Aufgabe

- ✔ Finde fünf Orte, an denen du ungestört studieren kannst und teste deinen Favoriten, indem du deine nächste Aufgabe fürs Studium dort (und nicht zu Hause) bearbeitest!

💡 Beispiele

- ✔ Die Hochschulbibliothek
- ✔ Ein öffentlicher Lernraum
- ✔ Ein leerer Hörsaal
- ✔ Ein ruhiges Café oder Restaurant
- ✔ Bei schönem Wetter: draußen im Park

📢 Arschtritt-Faktor

#22 Schalte deine Feinde aus!

Falls du deinen Ablenkungen nicht aus dem Weg gehen und deine Umgebung nicht wechseln kannst, musst du deine Konzentration anders beschützen. Und das bedeutet: Du musst alle Störeinflüsse, die zwischen dir und deinem Erfolg stehen, finden und ausschalten.

Finde heraus, welche konkreten Hindernisse dich davon abhalten, endlich anzufangen. Was lenkt dich momentan ab? Welche Dinge ziehen deine Aufmerksamkeit auf sich? Welche Gedanken spuken in deinem Kopf herum? Sammle deine potenziellen Feinde zunächst auf einer separaten Liste und mach dir klar, dass diese Gegner dafür verantwortlich sind, dass du deine Ziele entweder gar nicht oder viel langsamer als nötig erreichst. Sobald du deine Feinde kennst, kannst du damit beginnen, sie nacheinander auszuschalten.

Beim Eliminieren von Ablenkungen gibt es keine halben Sachen: entweder ganz oder gar nicht. Du kannst dein Smartphone nicht nur ein bisschen ausschalten oder nur zur Hälfte darauf verzichten, zwischendurch im Internet zu surfen. Wenn du deine Feinde nicht konsequent bekämpfst und zu 100 Prozent beseitigst, bleiben sie im Hintergrund und sorgen für ein störendes Grundrauschen, das dich irgendwann wieder voll in seinen Bann zieht. Deswegen: Geh auf Nummer sicher und schalte ohne Gnade alle Ablenkungen aus.

Arschtritt!

✏️ **Aufgabe**

✔ Sammle zehn potenzielle Ablenkungen, die zwischen dir und deinem Erfolg stehen! Entwickle zu jedem dieser Feinde eine konkrete Maßnahme, mit der du deine Konzentration beschützen kannst!

💡 **Beispiele**

✔ Messenger und soziale Netzwerke auf deinem Smartphone: Schalte für die Dauer deiner Arbeitseinheit dein Smartphone ganz aus!

✔ Surfen im Internet: Schalte für die Dauer deiner Arbeitseinheit deinen Router aus! Oder: Benutze ein Add-on für deinen Internet-Browser, das bestimmte Webseiten für eine feste Zeitspanne sperrt, damit du nicht abgelenkt wirst!

✔ Laute Nachbarn oder Mitbewohner: Setze Kopfhörer auf und höre Musik, die deine Konzentration fördert! Alternative: Benutze Ohrstöpsel!

📢 **Arschtritt-Faktor**

#23 Erwürge deinen inneren Kritiker!

Eigentlich hast du gar kein Motivationsproblem; du könntest sofort anfangen. Wäre da nicht diese Stimme in dir, die dir ständig sagt, wie schlecht deine eigene Arbeit doch sei und wie viel du besser machen könntest. Es ist dein innerer Kritiker, der so laut schreit, dass du nicht in Schwung kommst, weil du Angst davor hast, Fehler zu machen. Angst davor, nicht gut genug zu sein und deinen eigenen Ansprüchen nicht zu genügen.

Tue dir einen Gefallen: Erwürge diesen Kritiker. Mach einfach. Lerne einfach. Schreibe einfach. Egal, ob gut oder schlecht. Leg einfach los und arbeite. Du kannst später immer noch korrigieren, Fehler ausbessern oder kleine Schönheitskorrekturen vornehmen – aber nicht jetzt. Jetzt musst du erst mal etwas abliefern. Was, ist egal, denn es geht nur darum, dass du aktiv wirst.

Hör auf, dich selbst klein zu reden – das machen andere Menschen schon oft genug. Du brauchst beim Studieren nicht superklug oder besonders originell zu sein – Intelligenz wird überbewertet. Du musst fleißig sein und handeln. Doch wenn du permanent darüber nachdenkst, warum deine Leistung nicht gut genug sein könnte, wirst du niemals in einen Handlungsfluss kommen.

Arschtritt!

✏ Aufgabe

✔ Erwürge deinen inneren Kritiker: Wähle eine Aufgabe aus und bearbeite sie absichtlich nicht perfekt! Arbeite ungenau und lasse nebensächliche Details weg; gib maximal 90 Prozent von dem, was du sonst leistest! Zusatzfrage: Wie zufrieden bist du mit dem Ergebnis? Wie viel Zeit hast du gespart?

💡 Beispiele

✔ Zusammenfassung schreiben: Sammle die wichtigsten Inhalte in einer Liste und schreibe dann einfach drauf los! Denke nicht großartig über die Struktur nach, sondern fasse ohne großen Aufwand zusammen!

✔ Studienarbeit schreiben: Trage die wichtigsten Informationen zusammen und schreibe dann einen wissenschaftlichen Text, indem du die Fakten in kurzen, präzisen Sätzen aneinanderreihst! Benutze nur Hauptsätze und verzichte auf Übergangsworte oder semantische Standardformeln! Später kannst du deinen Textfluss anpassen und aufhübschen.

✔ Auswendiglernen: Halte dich beim Auswendiglernen nicht an kleinen Versprechern oder vergessenen Details auf! Mache dir eine kurze Notiz fürs nächste Mal und gehe dann im Stoff weiter! Bleibe nicht zu lange an einer Stelle hängen!

📢 Arschtritt-Faktor

#24 Zeichne ein positives Selbstbild!

Dein Bild von dir selbst bestimmt maßgeblich darüber, wie erfolgreich und glücklich du bist. Wenn du dir selbst nichts zutraust, wirst du Risiken scheuen und nur selten deine Komfortzone verlassen. Bist du allerdings von dir und deinen Fähigkeiten überzeugt, fällt es dir deutlich leichter, neue Dinge auszuprobieren und wichtige Herausforderungen anzugehen. Und das Gute ist: Ein gesundes Selbstvertrauen kannst du dir erarbeiten. Es hängt nämlich zu einem großen Teil davon ab, wie du dich selbst wahrnimmst.

Ein positives Selbstbild kann dir im Studium den Arsch retten. Wenn du es schaffst, dich selbst stark zu reden und es dir gelingt, in schwierigen Phasen positive Gedankenmuster einzusetzen, wirst du um ein Vielfaches zufriedener sein als jemals zuvor. Es geht dabei nicht darum, sich selbst etwas vorzumachen oder sich zu belügen– es geht darum, dass du gut zu dir bist und dich anfeuerst. Nur so kannst du dein gesamtes Potenzial ausschöpfen und regelmäßig über dich hinauswachsen.

Es wird immer genug Menschen geben, die versuchen dich zu bremsen. Du selbst darfst aber keiner davon sein. Du musst dein eigener Fan werden und dich bei jeder Gelegenheit unterstützen. Gewöhne dir deswegen an, deine positiven Seiten deutlicher in den Fokus zu stellen: Überlege dir, was gut an dir ist und wo deine Stärken liegen. Lobe dich auch für kleine Erfolge und sei stolz auf dich. Trau dir etwas zu und sei nachsichtig, wenn du Fehler machst. Sobald du ein positives Selbstbild von dir etablierst, werden sich deine guten Eigenschaften Schritt für Schritt automatisch verstärken – und deine Handlungen folgen deinen Gedanken.

Arschtritt!

✎ Aufgabe

✔ Schreibe sieben Gründe auf, warum du im Studium erfolgreich sein wirst und nenne fünf deiner größten Stärken! Geh bei allen neuen Herausforderungen so vor, dass du dir zuerst überlegst, warum du es schaffen wirst – nicht, warum es nicht klappen sollte!

♥ Beispiele

✔ „Ich bin schlau und fleißig.“

✔ „Ich habe schon ganz andere Herausforderungen gemeistert.“

✔ „Ich kann jederzeit über mich hinauswachsen und mich immer wieder verbessern.“

✔ „Was ich mir einmal in den Kopf gesetzt habe, werde ich erreichen.“

✔ „Ich bin bereit, für meine Ziele zu arbeiten und werde alles geben.“

✔ „Vor mir haben es schon andere geschafft – dann werde ich es auch schaffen.“

✔ „Ich bin nicht allein: Ich habe Unterstützung von meiner Familie, meinen Freunden und meinen Kommilitonen.“

📢 Arschtritt-Faktor

#25 Kleide dich wie ein Vorzeigestudent!

Nicht nur dein inneres Erscheinungsbild, sondern auch dein äußeres hat großen Einfluss darauf, mit wie viel Elan und Zuversicht du an deine Aufgaben gehst. An einem gemütlichen Wohlfühl-Outfit gibt es nichts auszusetzen. Wenn du aber wie ein Penner vor deinen Lernunterlagen sitzt, kann es passieren, dass du dich genauso lustlos verhältst, wie du aussiehst.

Der Zauber deiner Glücksjogginghose ist in diesen Situationen nichts wert. Ganz im Gegenteil: Wenn du mit ernsten Absichten studieren möchtest und ein starkes, entschlossenes Momentum brauchst, ist zu legere Kleidung hinderlich. So wird es dir nie gelingen, aus dem Stegreif eine produktive Grundhaltung einzunehmen.

Klingt spießig, ist es auch. Aber: Die Art und Weise, wie du dich kleidest, kann sich auf deine Einstellung übertragen. Wenn du dich wie ein fleißiger Student anziehst, wirst du dich eher wie ein fleißiger Student verhalten; wenn du dich professionell kleidest, wirst du eher eine professionelle Einstellung an den Tag legen; und wenn du mit deinem Outfit unterstreichst, dass du es ernst meinst, wirst du diesen Eindruck sehr viel wahrscheinlicher mit deiner Arbeitsweise bestätigen. Kleide dich wie ein Gewinner – dann wirst du auch zu einem.

Arschtritt!

✎ Aufgabe

✔ Zieh dich so an, als hättest du gleich ein Vorstellungsgespräch, bei dem es um deinen absoluten Traumjob geht!

💡 Beispiele

✔ Geh ins Bad und mach dich hübsch!

✔ Tausche Jogginghose und T-Shirt gegen ein schickes Business-Outfit!

✔ Ziehe deine besten Schuhe an!

✔ Lege dir ein Standard-Outfit für „deine Arbeit" zurecht, welches du immer dann anziehst, wenn du ernsthaft studieren möchtest!

📢 Arschtritt-Faktor

#26 Schalte dein Gehirn aus!

Wenn es darum geht, mit einer neuen Aufgabe zu beginnen, stehen dir manchmal deine eigenen Gedanken im Weg. Natürlich ist es gut, dass du über deine nächsten Schritte nachdenkst und überlegst, wie du am sinnvollsten vorgehen kannst, aber viele Aktionen werden bei diesem Prozess kaputt gedacht. Und davon hast du überhaupt nichts. Zu viele Gedanken können dich blockieren und lassen – bei genauerer Betrachtung und intensiver Abwägung – selbst die einfachste Handlung kompliziert wirken. Dein Gehirn meint es eigentlich nur gut mit dir und möchte helfen, doch genau dadurch wird deine Aufgabe unnötig verkompliziert.

Die Lösung für dieses Problem ist einfach: Schalte dein Gehirn aus und hör auf zu denken. Nicht dauerhaft, sondern nur für einen kurzen Moment – den Anfangsmoment. Gönn dir eine kleine intellektuelle Denkpause und starte deine Aufgabe einfach so, ohne großartig darüber nachzudenken. Überlege dir keine logische Handlungsstrategie, denke nicht über den übernächsten Schritt nach. Fang einfach an.

Stelle dein Gehirn für diesen Moment auf Autopilot. Führe nur kleine, einfache Handlungen durch, die selbst ein Grundschüler erfolgreich hinter sich bringen könnte. Verbiete dir das Nachdenken und finde so einen einfachen, objektiven Start in deine neue Aufgabe. Sobald du im Arbeitsfluss bist, schaltest du dein Gehirn dann wieder vom Stand-by- in den Arbeitsmodus.

Arschtritt!

✏ Aufgabe

- ✔ Schalte dein Gehirn aus und beginne ohne großes Nachdenken mit einer einfachen Aufgabe! Erstelle keinen Plan und überlege nicht, wie du am geschicktesten beginnen kannst – fang einfach so an!

♀ Beispiele

- ✔ Studienarbeit schreiben: Setze dich vor deinen Computer, öffne ein Schreibprogramm und schreibe drauflos! Denke dabei nicht über Struktur, sprachliche Raffinesse oder Rechtschreibfehler nach – schreibe einfach!

- ✔ Vorlesungsfolien lernen: Drucke die Folien deiner letzten Vorlesung aus, setze dich mit dem Papier auf dein Sofa, nimm die Folie und lies sie durch, ohne großartig darüber nachzudenken – lies einfach!

- ✔ Zur Vorlesung gehen: Zieh dir eine Hose an, zieh dir Schuhe an, zieh dir eine Jacke an und verlasse dann deine Wohnung! Gehe erst 50, dann 100 Meter Richtung Hörsaal, bis du am Ende da bist. Denke nicht darüber nach, wohin du gehst – geh einfach!

📢 Arschtritt-Faktor

#27 Bringe deinen Gedankenmüll raus!

Dein Kopf ist voll. Täglich musst du an tausend Dinge denken, die du irgendwie aufnehmen, verarbeiten und bewerten musst. Du ertrinkst förmlich in den sich dir bietenden Möglichkeiten und wirst von viel zu vielen Aufgaben überhäuft. Doch was passiert mit all diesen Informationen, Terminen und wichtigen Erinnerungen, die du nicht vergessen darfst? Richtig: Sie wuseln in deinem Kopf herum. Und: Sie blockieren dich.

Deshalb müssen sie da raus. Du musst Platz schaffen und deinen Kopf von all den Ideen und Infos befreien, damit du dich konzentriert mit deinen Aufgaben beschäftigen kannst und nicht ständig abgelenkt wirst. Der Plan dazu ist einfach: Du nimmst alles, was dir durch den Kopf schwirrt, und legst es an einer anderen Stelle ab – in einer Liste zum Beispiel. Damit sorgst du dafür, dass deine internen Ressourcen wieder frei werden und du keine Energie aufwenden musst, um Gedanken zu verdrängen oder zwischenzuspeichern.

Räume in deinem Kopf auf und wirf deine Gedanken raus. Verschwende keine wertvollen Denkkapazitäten, sondern verschiebe alle Informationen an einen externen Ort – und halte sie dort fest. Besonders dann, wenn du mit vielen kleinen Dingen überhäuft wirst, ist dies eine effektive Methode, mit der du deine Gedanken ordnen und alle Aufgaben in einer einfachen Liste bündeln kannst.

Arschtritt!

✏ Aufgabe

- ✔ Bringe deinen Gedankenmüll raus und schreibe alles, was dir gerade durch den Kopf geht, auf eine Liste! Bewerte nicht, sortiere nicht, ordne nicht – bring einfach den Müll raus!

💡 Beispiele

- ✔ Schreibe alle To-dos auf, die dir zu deinem Studium einfallen! Das könnten zum Beispiel Fristen, Termine, inhaltliche Infos, Anmerkungen deines Professors oder andere offene Baustellen sein.

- ✔ Schreibe alle Infos auf, die mit deinem Nebenjob oder deiner Wohnung zu tun haben! Das könnten beispielsweise die nächsten Arbeitszeiten, Erinnerungen an Kollegen, die Einkaufsliste für übermorgen oder der Termin für den Schornsteinfeger sein.

- ✔ Schreibe alles auf, was mit deiner Beziehung oder Familie zu tun hat! Das könnten zum Beispiel Geburtstage, gemeinsame Treffen oder das geplante Essen am Wochenende sein.

📢 Arschtritt-Faktor

#28 Reproduziere etwas!

Das Wichtigste beim Studieren ist das Studieren. Das klingt so banal – und ist doch so kompliziert, wenn es gerade nicht läuft. Deshalb: Wirf deinen Motor mit einer einfachen Aktivität an und wiederhole etwas, das du schon kannst. Reproduziere etwas und nimm damit Schwung für eine neue Aufgabe.

Niemand sagt, dass du bei deinen Aufgaben immer mit etwas Neuem anfangen musst. Hast du schon mal beobachtet, dass dir das Lernen viel leichter fällt, wenn du zu Beginn einer Lernsession den Stoff wiederholst, den du am Vortag schon gelernt hast? Oder ist dir in einer Vorlesung schon mal aufgefallen, dass eine kurze Wiederholung der vorherigen Themen den Einstieg massiv erleichtert?

Reproduktion wird unterschätzt – dabei ist sie eine nützliche und einfach anzuwendende Starthilfe. Deshalb: Bringe deine Studiermaschine mit etwas Altem auf Touren, bevor du dich einer neuen Herausforderung widmest. Starte mit bekannten Inhalten, die dich im besten Fall auch noch interessieren, und komme so in einen Studierfluss. Sobald du im Fluss bist, kann dich keiner mehr stoppen.

Arschtritt!

✏️ Aufgabe

- ✔ Komme in Schwung, indem du etwas reproduzierst! Suche dir zum Aufwärmen zunächst eine Aktivität, die deiner bevorstehenden Aufgabe ähnelt!

💡 Beispiele

- ✔ Bevor du wichtige Fachbegriffe für dein Studium auswendig lernst: Lerne die Aufstellung deiner Lieblingssportmannschaft oder die Thronfolger der europäischen Königshäuser auswendig!

- ✔ Bevor du deine Studienarbeit schreibst: Schreibe einen Fachartikel oder ein Kapitel aus einem Lehrbuch ab!

- ✔ Bevor du die Vorlesungsfolien zusammenfasst: Fasse eine E-Mail oder einen witzigen Zeitungsartikel zusammen!

📢 Arschtritt-Faktor

#29 Starte einen Wettbewerb!

Einige deiner Verpflichtungen fühlen sich nur deshalb so schwer und langweilig an, weil du die Sache ganz genauso siehst: schwer und langweilig. Nur, weil deine Aufgaben einen ernsten Hintergrund haben, bedeutet das nicht, dass du die Situation nicht etwas aufpeppen kannst.

Am einfachsten gelingt dir das, wenn du deine Aufgaben als eine Art Spiel ansiehst und einen Wettbewerb daraus machst. Dabei sollst du natürlich nicht halbherzig oder ohne die nötige Entschlossenheit vorgehen. Dieser Ansatz hilft dir vielmehr dabei, deine Herausforderungen interessanter und lebendiger zu gestalten. Denn: Menschen lieben Spiele. Und Menschen lieben es, wenn sie sich in diesen Spielen messen können – und wenn auch nur mit sich selbst.

Wettbewerbe waren immer beliebt – und sie werden es immer sein. Auch wenn du keine ausgefuchste Spielernatur bist oder eine opportunistische The-Winner-takes-it-all-Mentalität eher ablehnst: Ein kleiner Wettbewerb gegen dich selbst wird dir nicht schaden. Er wird dir guttun und deine Motivation neu entfachen. Die Herausforderung wird dir Spaß machen und dabei helfen, eine neue Perspektive für deinen Alltag zu entwickeln.

Arschtritt!

✏ Aufgabe

- ✔ Wandle eine Aufgabe in ein Spiel um und sieh die Sache als Wettbewerb! Überlege dir ungewöhnliche Regeln und mache die Sache dadurch interessanter – und: Versuche, dich zu messen und fordere dich selbst heraus!

💡 Beispiele

- ✔ Versuche, innerhalb der nächsten zehn Minuten möglichst viele Definitionen zu lernen! Lege eine Pause ein und versuche anschließend, in der gleichen Zeit eine Definition mehr zu lernen!

- ✔ Schreibe eine Zusammenfassung, aber fasse nur jede zweite Vorlesungsfolie zusammen! Starte dann von Neuem und gehe – eine Folie versetzt – mit der gleichen Technik vor!

- ✔ Lerne so lange am Stück, bis du nicht mehr kannst – versuche beim nächsten Mal, deinen eigenen Rekord zu brechen!

📢 Arschtritt-Faktor

#30 Tue so, als hättest du Bock!

Du musst nicht unbedingt motiviert sein, um eine entschlossene Einstellung zu zeigen und dich so zu verhalten, als würdest du vor Tatendrang platzen – es reicht, wenn du nur so tust. Zumindest am Anfang; dann, wenn du mit einer neuen Aufgabe loslegen möchtest. In den meisten Fällen folgt eine motivierte äußere Handlung aus einer motivierten inneren Haltung. Doch der umgekehrte Weg ist ebenfalls möglich: Wenn du dich optimistisch verhältst, lächelst und dich dynamisch an die Arbeit machst, wird sich deine Körpersprache auf deine Einstellung übertragen.

Deine gespielte Motivation springt gewissermaßen auf dein Mindset über und nach wenigen Minuten wirst du einen spürbaren Motivationsschub wahrnehmen. Und diese innere Motivation spiegelt sich dann in deinen Handlungen wider, wodurch sich der Kreis schließt und du aus dem Nichts neuen Mut für deine Aufgabe schöpfen kannst.

Das Einzige, was du dafür tun musst, ist einen enthusiastischen Menschen zu spielen – und zwar so, dass du es dir selbst abkaufst. Du musst dir selbst einreden und dich durch dein schauspielerisches Talent davon überzeugen, dass du jetzt gerade bis in die Haarspitzen Lust auf deine Arbeit hast. Du stehst auf der Bühne und spielst die Rolle des eifrigen Musterstudenten, der es sich selbst und der ganzen Welt beweisen will. Uuuund Action!

Arschtritt!

✏ Aufgabe

- ✔ Schlüpfe in die Rolle eines topmotivierten Studenten und spiele dir selbst vor, dass du Lust hast, an deiner aktuellen Aufgabe zu arbeiten!

💡 Beispiele

- ✔ Keine Lust auf deine Lerngruppe? Spiele einen motivierten Studenten, der sich nichts mehr wünscht, als seine Kommilitonen wiederzusehen! In Gruppenarbeiten gehst du völlig auf und liebst die gemeinsamen Lernsessions. Lächle! Action!

- ✔ Keine Lust aufs Auswendiglernen? Spiele einen Gedächtniskünstler, der es liebt, für seinen nächsten Wettkampf zu trainieren! Du kannst dir nichts Schöneres vorstellen, als die Karteikarten vor dir aufzusaugen. Lächle! Action!

- ✔ Keine Lust auf das Buch? Spiele einen echten Bücherliebhaber, der jede Seite verschlingt, egal wie zäh und trocken die Inhalte auch sein mögen! Jedes Wort ist ein Genuss für dich und dieses Buch hat Potenzial, dein neues Lieblingsbuch zu werden. Lächle! Action!

📢 Arschtritt-Faktor

#31 Schreibe eine Erinnerung!

Manchmal fehlt dir gar keine Motivation. Sie ist noch da, muss aber auf die richtigen Dinge (zurück)gelenkt werden. Vor lauter Ablenkungen und akuter Baustellen, die deine sofortige Aufmerksamkeit erfordern, geraten wichtige Dinge von einem Moment auf den nächsten in Vergessenheit.

Deine Aufgabe ist es dann, deinen Fokus möglichst schnell wiederzufinden, das lose Ende erneut aufzugreifen und weiterzumachen. Und das gelingt dir am einfachsten, indem du kleine Erinnerungen hinterlässt. Das gleiche Prinzip kannst du auch dann nutzen, wenn du größere Pausen im Laufe einer Aufgabe einlegst oder extern verursachten Unterbrechungen ausgesetzt bist. Schreibe dir jedes Mal, wenn du pausierst oder demnächst mit einem neuen Projekt starten möchtest, eine kurze Erinnerungsnotiz, damit du dein Ziel auf dem Schirm behältst.

Oft reichen dazu schon ein Stichwort oder ein paar eindeutig formulierte To-dos, damit du dich an deine Aufgabe erinnerst und direkt wieder zur Tat schreiten kannst. Durch Erinnerungshilfen bleiben deine wichtigsten Ziele in deinem Bewusstsein – je intensiver sie sich dort breitmachen, desto eher wirst du dich aktiv mit der Umsetzung beschäftigen.

Arschtritt!

✎ Aufgabe

✔ Wähle deine momentan wichtigste Aufgabe aus und schreibe dazu eine physische und eine digitale Erinnerung!

♀ Beispiele

✔ Schreibe eine Erinnerung auf ein Post-it und klebe das Zettelchen an deinen Monitor, an den Badezimmerspiegel oder aufs Sofa!

✔ Erstelle ein Erinnerungsposter und schreibe deine wichtigste Aufgabe in großen, bunten Buchstaben auf ein Blatt Papier! Hänge das Poster in deinem Arbeitszimmer auf, sodass du es jedes Mal siehst, wenn du dich an deinen Schreibtisch setzt!

✔ Schreibe eine Erinnerung in deinen elektronischen Kalender und lasse sie dir morgen zu drei unterschiedlichen Zeiten anzeigen!

📢 Arschtritt-Faktor

#32 Blocke deine Zeit!

Solange du nicht klar festgelegt hast, was du mit deiner Zeit anfängst, wirst du sie viel wahrscheinlicher mit unproduktivem Kleinkram verschwenden oder gar nicht erst den Antrieb dazu aufbringen, überhaupt mit etwas Neuem zu beginnen. Sobald du allerdings ein festes Zeitfenster für eine Aufgabe reserviert hast, musst du dich mit deinem eigenen Termin auseinandersetzen.

Geblockte Zeit ist Qualitätszeit. Und diese Qualitätszeit gehört dir: Sobald du eine konkrete Zeitspanne im Kalender für deine Aufgaben freihältst, wertest du deine eigene Arbeit auf. Sie wird wichtig und bekommt einen verbindlichen Charakter. Es ist wie ein offizielles Meeting mit dir selbst, in dem es nur darum geht, an deinen eigenen Zielen zu arbeiten. Nicht morgen, nicht übermorgen – sondern genau zu diesem Zeitpunkt. Und es gibt keine anderen nervigen Menschen, die zu diesem Meeting eingeladen sind. Es geht nur um dich.

Absagen? Unmöglich, der Termin steht. Verschieben? Geht nicht, der Termin steht. Ist deine Zeit einmal geblockt, bleibt sie es – aus der Nummer kommst du nicht mehr heraus. Du hast keine andere Möglichkeit, als die freie Zeit für die Erledigung wichtiger Aufgaben zu nutzen. Es gibt keine Ausreden, keine alternativen Pläne oder Optionen, die jetzt gerade wichtiger wären. Es zählt nur dein Termin.

Arschtritt!

✏ Aufgabe

- ✔ Vereinbare einen Termin mit dir selbst und blocke noch heute eine halbe Stunde in deinem Kalender! Lege vorher genau fest, welche Aufgaben du bearbeiten und welche Ziele du erreichen möchtest!

♀ Beispiele

- ✔ 17:30 Uhr bis 18:00 Uhr: Buch X lesen und 20 Seiten davon schaffen.

- ✔ 19:00 Uhr bis 19:30 Uhr: Vorlesungsunterlagen sortieren und Semesterplanung überarbeiten. Danach sollen alle Unterlagen strukturiert und der Plan auf dem neuesten Stand sein. Priorität: wichtig.

- ✔ 21:15 Uhr bis 21:45 Uhr: Zusammenfassung durchlesen und mindestens fünf Seiten davon lernen. Danach sollen die Inhalte sitzen. In einem Folgetermin (morgen um 9:00 Uhr) wird das überprüft.

📢 Arschtritt-Faktor

#33 Schreibe ein Erfolgstagebuch!

Ein Erfolgstagebuch geht weit über das altmodische Führen eines Tagebuchs hinaus. Während du beim klassischen Ansatz einfach nur deine Gedanken zusammenfasst, bis du eine Ansammlung wilder Gefühle und Erlebnisse vor dir hast, schreibst du bei der modernen Tagebuch-Methode zielgerichtet und gibst deinen Gedanken Struktur. Dadurch kannst du bewusst Schwerpunkte setzen, bessere Lerneffekte erzielen und negative Stimmungen loswerden.

Du beschränkst dich also nicht auf einen langatmigen Erlebnisbericht des Tages, sondern gehst einen Schritt weiter. Mit deinem Tagebucheintrag kannst du nämlich gleich zwei Fliegen mit einer Klappe schlagen. Erstens: Du analysierst den vergangenen Tag und ziehst deine Schlüsse daraus. Zweitens: Du nimmst diese Erkenntnisse für den nächsten Tag mit und legst dadurch einen motivierten Start hin. Die Grundsatzfragen, die du dir stellen solltest, lauten also: Was lief heute nicht so gut? Wie kann ich mich verbessern? Und: Was lief heute besonders gut? Wie kann ich morgen richtig Gas geben?

Damit erfüllt dein Tagebuch eine Doppelfunktion: Du schaffst es, dich eigenständig zu verbessern und wirst gleichzeitig in die Lage versetzt, dich Tag für Tag selbst zu motivieren. Mit dieser Tagebuch-Methode kannst du eine positive Grundstimmung erzeugen und neuen Schwung in dein Leben bringen.

Arschtritt!

✎ Aufgabe

- ✔ Schreibe ab heute ein Erfolgstagebuch! Halte dich dabei an die beiden Grundprinzipien „Kritische Analyse des vergangenen Tages" und „Motivation für den neuen Tag"! Orientiere dich an der vorgestellten Drei-Schritte-Formel: Tageszusammenfassung – Lerneffekt – Motivation!

♀ Beispiele

- ✔ Tageszusammenfassung: Wie war dein Tag? Was ist heute Wichtiges passiert? Warum war es wichtig?

- ✔ Lerneffekt: Was lief heute nicht optimal und warum? Wie kannst du es ausbügeln? Was kannst du in Zukunft besser machen?

- ✔ Motivation: Was lief heute richtig gut? Was möchtest du morgen erreichen? Für welche drei Dinge bist du heute dankbar?

📢 Arschtritt-Faktor

#34 Erstelle einen Zeitplan!

Ein Plan unterscheidet erfolgreiche von weniger erfolgreichen Studenten. Ein Plan macht den Unterschied zwischen Regelstudienzeit und Langzeitstudium. Ohne Plan bleibst du ständig nur im Mittelmaß, während du mit ein klein wenig Vorausdenken bequem einen Einserschnitt anpeilen kannst. Warum? Weil du mit einem Plan deinen Tagesablauf selbst bestimmst und endlich in die Gänge kommst.

Ohne Plan lebst und studierst du einfach vor dich hin. Du lässt dich treiben und schaust, welche Dinge im Laufe der Zeit auf dich zukommen. Das Problem dabei ist: Irgendwann verlierst du die Kontrolle – und die Lust. Wenn du aber jede größere Aufgabe im Voraus planst, wirst du es viel leichter finden, anzufangen und weiterzumachen. Du schiebst dann weniger Dinge auf und arbeitest fokussiert an deinen Zielen, weil du sie ständig im Blick hast und weißt, worauf es dir wirklich ankommt.

Es ist viel einfacher, in Aktion zu kommen, wenn du eine genaue Anleitung von dem hast, was als nächstes ansteht. Und: Je besser du deine Zeit einteilst und planst, desto größer ist dein Zeitgewinn beim Erledigen von Aufgaben. Mit nur einer Minute Planung sparst du im Schnitt zehn Minuten deiner Arbeitszeit – und das jedes Mal. Wenn du dir einen roten Faden zurechtlegst, an dem du dich orientieren und entlanghangeln kannst, verlierst du nie wieder die Übersicht und schaffst dir ein natürliches Motivationsmittel.

Arschtritt!

✏ Aufgabe

- ✔ Erstelle für eine größere Aufgabe einen Zeitplan! Bestimme Zwischenziele und weise jedem dieser Meilensteine eine verbindliche Frist zu!

♀ Beispiele

- ✔ Vorlesungsskript lesen: Kapitel 1 fertig (Montag), Kapitel 2 fertig (Dienstag), Kapitel 3 fertig (Mittwoch)...

- ✔ Lehrbuch zusammenfassen: bis Seite 20 (Montag), bis Seite 35 (Mittwoch), bis Seite 60 (Samstag)...

- ✔ Probeklausur bearbeiten: Aufgabe A fertig (Donnerstag), Aufgabe B fertig (Montag), Aufgabe C fertig (Mittwoch)...

📢 Arschtritt-Faktor

#35 Sammle Ausreden!

Fühlst du dich im Moment nicht so gut? Oder kannst du heute leider wieder nicht lernen, weil du unbedingt noch Milch kaufen musst? Oder passt es dir nicht, weil so schönes Wetter ist und du deiner Freundin das letzte Mal schon abgesagt hast? Irgendetwas findet sich immer, wenn es um Arbeitsvermeidung geht; denn das Repertoire an Ausreden ist bei vielen Studenten umfangreicher als das Literaturverzeichnis des Profs. Doch diese Ausflüchte stehen zwischen dir und deinem Erfolg.

Dabei sind Ausreden eine ganz natürliche Funktion der menschlichen Psyche: Sie beschützen dich vor unangenehmen Veränderungen. Das Problem ist nur, dass sich diese Veränderungen in der Regel nur kurzfristig schlecht anfühlen – im Anschluss erzeugen sie einen positiven nachhaltigen Effekt und sorgen dafür, dass du deinen Zielen ein großes Stück näherkommst. Deswegen darfst du nicht auf deine Ausreden hereinfallen. Du darfst ihnen nicht glauben und dich nicht dazu verleiten lassen, deine Arbeit zu vernachlässigen.

Am einfachsten gelingt dir das, wenn du deine Ausreden aufschreibst und in einer Liste sammelst. Mit dieser Technik machst du dir bewusst, welche fadenscheinigen Gründe dich von deinem Erfolg abhalten und wie unterschwellig sie immer wieder in deinen Gedanken auftauchen. Indem du deine Ausflüchte analysierst und sie dir objektiv vor Augen führst, wirst du feststellen, wie lächerlich und haltlos sie eigentlich sind – und damit verlieren sie beim nächsten Störmanöver ihre Wirkungskraft.

Arschtritt!

✏ Aufgabe

- ✔ Sammle zehn deiner besten Ausreden, die dich vom Lernen, Studieren oder Arbeiten abhalten! Welche Gründe führst du selbst an, um nicht an deinen persönlichen Zielen arbeiten zu müssen?

💡 Beispiele

- ✔ „Ich habe heute keine Lust."
- ✔ „Es ist so warm draußen, ich kann mich ohnehin nicht konzentrieren."
- ✔ „Ich habe zu wenig Zeit."
- ✔ „Ich habe noch genug Zeit, das mache ich später."
- ✔ „Das lohnt sich jetzt eh nicht mehr."
- ✔ „Das schaffe ich sowieso nicht."
- ✔ „Das mache ich morgen."
- ✔ „Ich fange sofort an, ich schaue nur noch kurz auf mein Smartphone."
- ✔ „Ich habe so viel im Haushalt zu tun."
- ✔ „Nur noch eine Folge meiner Serie, dann fange ich an."

📢 Arschtritt-Faktor

#36 Schotte dich digital ab!

YouTube, WhatsApp und Co. sind in der Rangliste der größten Produktivitätskiller für Studenten ganz vorne dabei. Dank des Internets leben wir zwar in einer Zeit der unbegrenzten Möglichkeiten, aber das Ganze hat auch einen Haken: Wir leben damit in der Zeit der unbegrenzten Ablenkung. Dein Smartphone und dein Computer halten unendlich viele Informationen für dich bereit und warten nur darauf, dass du deine Lernsession unterbrichst, um die neuesten Neuigkeiten zu checken oder deine Freunde zu stalken.

Der einfachste und effektivste Weg, diese Online-Störquellen zu meiden, ist eine kurze, aber konsequente digitale Abschottung. Erteile dir selbst ein Smartphone- oder Browser-Verbot für die Dauer deiner Lerneinheit oder nutze Apps, die deine Online-Dienste für eine kurze Zeitspanne blockieren, damit diese nicht dich blockieren.

Es geht auch noch eine Nummer härter: Willst du konzentriert an deiner Studienarbeit schreiben, checkst aber vorher noch alle deutschsprachigen Webseiten? Schalte dein Internet ab und arbeite offline. Willst du ungestört lernen, lässt dich aber gerne von Facebook, Instagram und Snapchat ablenken? Schalte dein Smartphone aus. Zu einem verantwortungsbewussten Umgang mit digitalen Medien gehört auch die Disziplin, diese Dienste nicht zu nutzen, wenn es darauf ankommt. Mach dir das klar und schotte dich von Zeit zu Zeit ab.

Arschtritt!

✏ Aufgabe

- ✔ Verschreibe dir eine digitale Diät und schotte dich ab heute eine Woche lang für eine Stunde pro Tag digital ab! Lege dazu einen Zeitraum fest, in welchem du ungestört für dein Studium arbeiten kannst!

♀ Beispiele

- ✔ Eine Woche lang von 8:00 bis 9:00 Uhr: WLAN abstellen, Smartphone ausmachen, lernen.
- ✔ Eine Woche lang von 12:00 bis 13:00 Uhr: WLAN abstellen, Smartphone ausmachen, lesen.
- ✔ Eine Woche lang von 20:00 bis 21:00 Uhr: WLAN abstellen, Smartphone ausmachen, schreiben.

📢 Arschtritt-Faktor

#37 Schotte dich physisch ab!

Besonders bei extern verursachten Motivationsproblemen kann es hilfreich sein, wenn du dich zurückziehst und für einen kurzen Moment komplett isolierst. Das bedeutet nicht, dass du deinen Partner verstoßen, deine Familie verlassen oder deine Mitbewohner im Keller einsperren sollst. Es geht darum, sich – ohne schlechte Laune und miese Stimmung zu verbreiten – abzuschotten und alleine zu sein.

Und mit Abschotten ist wirkliches Abschotten gemeint: Gehe in dein Zimmer oder in einen freien Raum, schließe die Tür hinter dir, schließe das Fenster, ziehe die Gardinen oder Rollladen zu und isoliere dich komplett von deiner Umwelt. Niemand darf dich stören, keine Einflüsse von außen sind erwünscht. Setze Kopfhörer auf, um dich gegen akustische Ablenkungen zu schützen und mache alles, um ungestört zu sein.

Tue so, als seist du der letzte Mensch auf dieser Welt. Stelle dir vor, du wärst der einzige Überlebende nach einer Zombie-Apokalypse und müsstest von nun an alleine zurechtkommen. Ziehe dich zurück und konzentriere dich nur auf deine Ziele. Alles, was zählt, ist deine Mission: Du musst für dein Studium arbeiten und niemand darf dich dabei stören.

Arschtritt!

✏️ Aufgabe

- ✔️ Schotte dich für 30 Minuten von deiner Umwelt ab und arbeite in dieser Zeit mit voller Konzentration für dein Studium! Zusatzfrage: Wie bist du mit der Abschottung zurechtgekommen? Wie hat es sich angefühlt, völlig ungestört zu sein?

💡 Beispiele

- ✔️ Schotte dich für 30 Minuten komplett ab und schreibe in dieser Zeit deine persönlichen Ziele für das aktuelle Semester auf!

- ✔️ Schotte dich für 30 Minuten komplett ab und erstelle in dieser Zeit einen Studienverlaufsplan!

- ✔️ Schotte dich für 30 Minuten komplett ab und lerne in dieser Zeit wichtige Definitionen für deine nächste Klausur!

📢 Arschtritt-Faktor

#38 Erzähle anderen von deinen Plänen!

Das Festlegen eines Plans und das deutliche Bekenntnis zu den eigenen Zielen sind die Grundlage für einen erfolgreichen Start. Doch wenn du der Sache noch etwas Druck und Verbindlichkeit verleihen möchtest, reicht es nicht, wenn du die einzige Person bist, die davon weiß. Wenn deine Pläne ihre volle Sogkraft entfalten sollen, dann musst du anderen Menschen davon erzählen.

Damit ist nicht gemeint, dass du wie ein Irrer durch die Straßen laufen und jedem Passanten deine Lebensgeschichte erklären sollst, sondern: Teile deine Pläne mit Personen, die dir nah stehen oder zu denen du eine besondere Beziehung hast. Erzähle ihnen, was du dir vorgenommen hast und wie du deine Ziele erreichen willst. Hole sie ins Boot und mache deine Pläne damit zu verbindlichen Zukunftsszenarien.

Sobald du anderen Menschen von deinen Vorhaben erzählt hast, wirst du viel intensiver an deren Umsetzung arbeiten und sehr wahrscheinlich auch erfolgreich dabei sein. Du wirst alles dafür tun, um nicht als Schwätzer oder Großmaul dazustehen und im besten Fall bieten dir deine Mitwisser ihre Hilfe an oder fragen von Zeit zu Zeit nach dem aktuellen Stand.

Arschtritt!

✏ Aufgabe

- ✔ Lege deine Ziele und Pläne für dieses Semester fest und erzähle einer anderen Person davon! Wähle einen Kommilitonen aus, zu dem du engen Kontakt hast, und erkläre diesem Menschen genau, was du dir vorgenommen hast!

💡 Beispiele

- ✔ „In diesem Semester werde ich alle Prüfungen bestehen und dabei mindestens einen Notenschnitt von 2,0 erreichen. Dazu habe ich schon einen Lernplan aufgestellt..."

- ✔ „In diesem Semester werde ich jede Vorlesung besuchen und den Stoff anschließend nacharbeiten. Dazu habe ich mir fest vorgenommen, die Vorlesungsfolien zusammenzufassen und offene Fragen direkt zu klären..."

- ✔ „In diesem Semester werde ich meine Bachelorarbeit anmelden. Ich habe schon nach passenden Themen recherchiert und werde mich morgen bei diesen drei Lehrstühlen genauer informieren..."

📢 Arschtritt-Faktor

#39 Schließe einen Vertrag mit dir selbst!

Hast du Ziele für dein Studium festgelegt? Schön. Aber wer sorgt dafür, dass du diese persönlichen Ziele auch wirklich einhältst? Eigentlich niemand; niemand außer dir. Nur leider bist du zu nachlässig mit dir. Und deswegen solltest du nicht bloß Ziele aufstellen, sondern noch einen Schritt weitergehen und eine Schippe Verbindlichkeit obendrauf legen: Schließe einen Vertrag – und zwar mit dir selbst.

Verträge sind in Stein gemeißelte Vereinbarungen; deutlicher kannst du deine Absichten nicht festlegen. Verstößt du gegen den Vertrag oder erfüllst du die vereinbarten Bedingungen nicht, begehst du Vertragsbruch. Du verlierst dein Gesicht. Du wirst zu einem gewöhnlichen Betrüger, dem man nicht einmal sein kaputtes Auto anvertrauen würde. Und gerade wegen dieser formalen und moralischen Verpflichtung funktionieren Verträge so gut bei Motivationsproblemen.

Nimm eines deiner schriftlich fixierten Ziele, lege die Vertragsbedingungen fest und versprich dir selbst, dass du es um jeden Preis erreichen wirst. Mache daraus eine offizielle Vereinbarung und unterschreibe unter deinem Ziel. Die Wahrscheinlichkeit, dass du diese Abmachung einhältst, ist viel größer als bei einer lose formulierten Idee.

Arschtritt!

✎ Aufgabe

- ✔ Wähle eines deiner Ziele aus und schließe dazu einen schriftlichen Vertrag mit dir selbst! Lege ein klares Ziel fest, bestimme eine verbindliche Deadline und unterschreibe die Vereinbarung!

♀ Beispiele

- ✔ „Ich, [hier Name einfügen], werde morgen um 8:15 Uhr pünktlich zur Vorlesung gehen.

  [hier Unterschrift einfügen]"

- ✔ „Heute werde ich, [hier Name einfügen], um 18:00 Uhr für eine halbe Stunde das Vorlesungsskript lesen.

  [hier Unterschrift einfügen]"

- ✔ „In diesem Semester werde ich, [hier Name einfügen], die Prüfung [hier Name der Prüfung einfügen] mit der Note [hier angestrebte Note einfügen] bestehen.

  [hier Unterschrift einfügen]"

📢 Arschtritt-Faktor

#40 Starte einen Timer!

Du kennst das: Du sitzt im Hörsaal. Du bist nervös. Die Klausuren werden ausgeteilt. Schnappatmung. Und dann sagt der Prof die drei magischen Worte: „Ihre Zeit läuft." Jetzt zählt es. Die Zeit ist knapp. Jede Sekunde ist wertvoll. Du hast Druck. Du weißt nicht so recht, was du schreiben sollst. Aber du musst anfangen. Du darfst keine Zeit verlieren. Du fängst an.

Stress? Ja. Motivation zum Anfangen? Aber hallo! Und das alles nur wegen der drei Worte. Drei kleine Worte mit großer Wirkung. Dabei ist es ganz selbstverständlich, dass die Zeit vergeht – doch durch die bewusste Vorgabe einer zeitlichen Frist, durch die Einbeziehung eines Countdowns, wird deine Handlungsbereitschaft um ein Vielfaches erhöht.

Diesen Effekt kannst du ebenso gut für deine tägliche Arbeit einsetzen, indem du dir zur Bearbeitung deiner Aufgaben einen Timer stellst. Starte jedes Mal eine Stoppuhr, wenn du dich zum Lernen an den Schreibtisch setzt oder deine Vorlesungsunterlagen durcharbeiten möchtest. Die ablaufende Zeit setzt dich unter Druck und du findest einen schnellen Start. Deine Zeit läuft – du musst anfangen. Und: Diese Zeit ist Arbeitszeit. Ablenkungen sind tabu. Dafür hast du jetzt keine freie Sekunde.

Arschtritt!

✎ Aufgabe

- ✔ Lege ein schriftliches Ziel fest, stelle einen Timer auf 30 Minuten und beginne mit deiner Arbeit! Höre erst auf, sobald dich dein Timer unterbricht!

♀ Beispiele

- ✔ Stelle einen Timer auf 30 Minuten und lies in dieser Zeitspanne konzentriert in einem Buch!

- ✔ Stelle einen Timer auf 30 Minuten und fasse in dieser Zeitspanne das Vorlesungsskript zusammen!

- ✔ Stelle einen Timer auf 30 Minuten und bearbeite in dieser Zeitspanne eine alte Prüfungsaufgabe!

📢 Arschtritt-Faktor

#41 Nutze das Parkinson'sche Gesetz und lege eine Deadline fest!

Im Studium läufst du ihnen an jeder Ecke über den Weg: Deadlines. Klausurtermine, Rückmeldefristen oder die Abgabe für die Studienarbeit. Deadlines kennt jeder – und fast jeder findet sie nervig. Dabei ist eine Deadline an sich etwas Gutes und kann dir dabei helfen, fokussiert und produktiv zu studieren. Du musst sie nur richtig einsetzen. Und dabei hilft dir das Parkinson'sche Gesetz.

Der britische Soziologe Cyril Parkinson hat den menschlichen Umgang mit Zeit und das Verhalten in Stresssituationen untersucht. Seine Feststellung lautet: „Eine Aufgabe dehnt sich in genau dem Maß aus, wie Zeit für ihre Erledigung zur Verfügung steht." Das bedeutet: Aufgaben ohne genaue Terminierung sind unendlich dehnbar und nehmen riesige Zeitfenster ein. Produktives Arbeiten ist fast nicht möglich, weil Menschen wahre Meister darin sind, sich selbst zu sabotieren und nach Ablenkungen zu suchen. Eine Deadline hingegen schärft den Fokus. Du wirst dazu gezwungen, dich auf die wichtigen Dinge zu konzentrieren, weil keine Zeit für Nebensächlichkeiten bleibt. Deswegen sind Deadlines so nützlich; unbequem und nervig, aber nützlich.

Aus diesem Grund solltest du für jede deiner Aufgaben eine Deadline festlegen, die den zeitlichen Bearbeitungsrahmen beschränkt und dich dazu verleitet, effizient und schnell zu handeln. Bestimmst du keine Frist zur Fertigstellung, wirst du deine Arbeit viel eher aufschieben und hinauszögern – mit einer eigenen Deadline passiert dir das nicht.

Arschtritt!

✏️ **Aufgabe**

✔️ Wähle drei Aufgaben aus und lege jeweils den Zeitpunkt fest, zu dem das gewünschte Ergebnis vorliegen muss! Formuliere deine Deadline möglichst konkret und lege jedes Mal das exakte Ziel der Handlung fest!

💡 **Beispiele**

✔️ „Heute um 16:00 Uhr habe ich die Einleitung meiner Studienarbeit fertig geschrieben. Bis 17:00 Uhr sind die Formatierung und das Literaturverzeichnis ebenfalls auf dem aktuellen Stand."

✔️ „Morgen um 18:00 Uhr werde ich mit der Zusammenfassung von Kapitel 3 aus dem Buch fertig sein."

✔️ „Am [hier Datum einfügen] um 20:00 Uhr kann ich alle Definitionen aus dem ersten Teil der Vorlesung auswendig."

📢 **Arschtritt-Faktor**

#42 Nutze die Edwards-Regel und wähle deine Deadline sehr kurz!

Eine bevorstehende Deadline hat großen Einfluss darauf, mit welchem Elan du deine Herausforderung angehst und wie lange du brauchst, um eine Aufgabe zu erledigen. Hinzu kommt: Erst ganz kurz vor Ende der Deadline werden viele Menschen am produktivsten. Daher kommt auch die bekannte Studentenweisheit: „In der Nacht vor der Prüfung lernt man am meisten!" Dabei müsste es eigentlich heißen: „In der Nacht vor der Prüfung lernt man das Wichtigste!" Deine Deadline zwingt dich nämlich dazu, dich auf die wesentlichen Inhalte zu konzentrieren und den restlichen Kleinkram links liegen zu lassen. Und eben das fühlt sich an wie „das meiste".

Zusammengefasst wird dieses Phänomen in der Edwards-Regel. Sie lautet: „Der investierte Aufwand in die Erledigung einer Aufgabe steigt umgekehrt proportional zur verbleibenden Zeit." Oder auf Deutsch: Je weniger Zeit du für eine Aufgabe hast, umso mehr legst du dich ins Zeug. Und anders herum: Wenn noch viel Zeit bis zur Deadline bleibt, wirst du mit minimalem Einsatz an deiner Aufgabe arbeiten. Die meisten Ergebnisse werden erst kurz vor Ende der Deadline erreicht – vorher ist deine Leistungskurve eher flach. Je weiter die Deadline also in der Zukunft liegt, je mehr Zeit dir bleibt, desto einfallsreicher wirst du darin, diese Zeit zu füllen. Nur leider mit unproduktivem Quatsch.

Deshalb solltest du dich bei selbst gewählten Deadlines für möglichst kurze Fristen entscheiden. Mit dem zeitlichen Druck steigt deine Motivation: Je enger du den zeitlichen Rahmen für deine Aufgaben festlegst, desto eher kommst du in deine produktive Phase.

Arschtritt!

✏ Aufgabe

- ✔ Pimpe deine Deadlines und verkürze sie so, dass du sie fast nicht einhalten kannst! Nutze die Edwards-Regel und fokussiere dich beim Bearbeiten der Aufgaben nur auf die wesentlichen Punkte – du hast keine Zeit zu verlieren!

💡 Beispiele

- ✔ „Innerhalb der nächsten 60 Minuten werde ich die Einleitung meiner Studienarbeit fertig geschrieben haben. Danach bleiben noch 15 Minuten Zeit, um die Formatierung und das Literaturverzeichnis auf den aktuellen Stand zu bringen."

- ✔ „Morgen schreibe ich von 17:00 Uhr bis 18:00 Uhr die Zusammenfassung von Kapitel 3 aus dem Buch."

- ✔ „Am [hier Datum einfügen] lege ich einen Lerntag ein und bearbeite von 10:00 Uhr bis 20:00 Uhr alle alten Prüfungsaufgaben zur Vorbereitung auf die nächste Klausur; ich habe nur diesen einen Tag."

📢 Arschtritt-Faktor

#43 Denke an dein Zukunfts-Ich!

Hast du heute schon etwas getan, worauf du morgen stolz sein wirst? Oder hast du alle wichtigen Dinge aufgeschoben und dich deinem stressigen Alltag unterworfen, ohne dabei an deinen übergeordneten Zielen zu arbeiten? Falls Letzteres zutrifft, ist jetzt die beste Gelegenheit, um dein Zukunfts-Ich ins Spiel zu bringen: Wie würdest du morgen von dir selbst denken, wenn du dich an den vergangenen Tag erinnerst? Wärst du zufrieden mit dir? Oder würdest du dich über dich selbst ärgern und dir wünschen, du hättest mehr getan?

Es gibt kaum etwas Schlimmeres, als in die Vergangenheit zurückzublicken und sich zu fragen, warum man nicht mehr unternommen oder eher gehandelt hat. Und genau diese Perspektive kannst du dir für deine Motivation zunutze machen: Frage dich einmal am Tag: „Bringt mich das, was ich heute getan habe, meinem Ziel näher?" Wenn die Antwort „ja" ist, wirst du dich gut fühlen und motiviert weitermachen; lautet die Antwort „nein", weißt du, dass du handeln musst, wenn du dein Zukunfts-Ich nicht in eine missliche Lage bringen willst.

Dein tägliches Ziel muss es sein, im Hier und Jetzt zu leben und jeden Moment mit voller Aufmerksamkeit anzugehen – wenn es dir jedoch gelingt, zusätzlich einen kurzen Blick in die Zukunft zu werfen, kann das ungeahnte Zusatzenergie in dir freisetzen. Du arbeitest dann nämlich nicht mehr nur für deinen aktuellen Erfolg, sondern versuchst gleichzeitig, die Weichen für deine nächsten Schritte auf Erfolg zu stellen. Und das wird dich ungemein anspornen.

Arschtritt!

✏ Aufgabe

- ✔ Sei lieb zu deinem Zukunfts-Ich und tue heute etwas, worauf du morgen stolz sein wirst! Wähle dazu eine deiner größten und unangenehmsten Aufgaben und arbeite 15 Minuten lang nur an diesem Projekt!

💡 Beispiele

- ✔ Prüfungsvorbereitung: Beginne heute noch mit der Vorbereitung für deine schwierigste Prüfung in diesem Semester! Verschaffe dir einen Überblick über den Stoff und arbeite 15 Minuten für dein Zukunfts-Ich!

- ✔ Fachenglisch lernen: Lies heute 15 Minuten lang englische Fachartikel, die zu deinem Studienschwerpunkt passen und verbessere damit die Fremdsprachenkenntnisse deines Zukunfts-Ichs!

- ✔ Studienplanung: Plane heute 15 Minuten lang dein weiteres Studium, dein aktuelles Semester oder einfach nur den nächsten Tag! Sorge dafür, dass dein Zukunfts-Ich weiß, was morgen zu tun ist!

📢 Arschtritt-Faktor

#44 Schreibe eine Dankesrede!

Meine Damen und Herren, der Preis für den besten Studenten der Welt, der jemals an einer Uni eingeschrieben war, geht an: dich. Herzlichen Glückwunsch – du hast gewonnen! Was genau, ist eigentlich egal, Hauptsache, du versetzt dich in die Lage eines preisgekrönten Champions und ziehst daraus eine Extraportion Motivation.

Eine einfache und wirkungsvolle Methode, genau diese Stimmung zu erzeugen, ist das Schreiben einer Dankesrede. Erinnere dich an die letzte Oscar-Verleihung, an die Übergabe des Grimme-Preises oder an die Pressekonferenz nach dem Weltmeisterschaftsfinale – und dann: Versetze dich in die Lage der Gewinner. Du hast soeben ein großes, persönliches Ziel erreicht und bist überglücklich. Du hattest es nicht einfach und musstest mit viel Gegenwind zurechtkommen, aber du hast es trotzdem geschafft. Du hast dich allen Widrigkeiten zum Trotz durchgebissen und stehst jetzt als der verdiente Gewinner fest. Natürlich musst du auch den Menschen danken, die dich auf deinem Weg unterstützt haben, doch am Ende waren deine Strategie und dein harter Arbeitseinsatz für den Sieg verantwortlich.

Beschreibe deshalb ganz genau, wie du deine Ziele erreicht hast: Welche kleinen und großen Hürden musstest du überwinden? Wie hat es sich angefühlt, als du ein Problem nach dem anderen aus dem Weg geräumt hast? Wie hast du das angestellt und was würdest du anderen raten, die den gleichen Weg eingeschlagen haben? Sobald du dieses Gewinner-Mindset durch eine detaillierte Dankesrede gestärkt hast, wird es dir viel leichter fallen, die bisher nur theoretisch gelösten Aufgaben anzugehen und deinen Erfolg wirklich in die Tat umzusetzen. Die Anleitung dazu hast du ja bereits geschrieben.

Arschtritt!

✏ Aufgabe

- ✔ Schreibe eine Dankesrede! Du hast ein großes Ziel erreicht und wirst ausgezeichnet: Lasse den Weg dorthin Revue passieren und beschreibe, wie du vorgegangen bist!

💡 Beispiele

- ✔ „Meine Damen und Herren, liebe Jury, vielen Dank für die Auszeichnung zur besten Studienarbeit der Welt! Ich freue mich sehr über diesen Preis. Die Tatsache, dass Sie mich unter all den erstklassigen Absolventen ausgewählt haben, ehrt mich zutiefst. Insbesondere, weil die Fertigstellung meiner Arbeit mit großen Anstrengungen verbunden war, die ich jedoch gerne auf mich genommen habe…"

- ✔ „Meine Damen und Herren, sehr geehrter Präsident, vielen Dank für die Auszeichnung zum besten Absolventen des Jahres! Ich freue mich sehr über diesen Preis, insbesondere, weil ich erst vor kurzem meine Studienstrategie umgestellt habe. Doch letztendlich hat diese Neuausrichtung meinen Erfolg maßgeblich beeinflusst…"

- ✔ „Meine Damen und Herren, vielen Dank für die Auszeichnung meiner Arbeit zur besten Präsentation des Semesters! Ich freue mich sehr über diesen Preis, insbesondere, weil mich zu Beginn meiner Arbeit ein großes Motivationstief zurückgeworfen hatte. Doch dann konnte ich mich wieder auf das Wesentliche konzentrieren und habe…"

📣 Arschtritt-Faktor

105

#45 Mach es für deinen größten Fan!

Manchmal erzeugen die eigenen Ziele zu wenig Antriebskraft; allein der Gedanke, dass du dich langfristig glücklich machst und dir selbst etwas Gutes tust, reicht dann nicht aus, um deine Motivationsprobleme zu überwinden. Doch an dieser Stelle kannst du den Kreis der begünstigten Personen einfach von dir auf andere Menschen erweitern: Arbeite nicht nur für dich – tue es für deinen größten Fan! Verbinde das Erreichen deiner Ziele mit dem Glück eines Menschen, der dir nahesteht. Und dann lege dich für diese eine Person richtig ins Zeug.

Sobald du nicht mehr nur für dich selbst arbeitest, wirst du deine Aufgaben viel entschlossener angehen. Ab jetzt hängt nämlich nicht mehr nur dein Wohlbefinden davon ab, sondern auch das deines größten Fans. Natürlich nur in deiner Fantasie, aber du möchtest deinen Unterstützer nicht enttäuschen – ganz im Gegenteil: Du möchtest, dass er dein Fan bleibt. Du möchtest, dass er stolz ist. Du möchtest, dass er glücklich ist. Und genau das liegt jetzt in deinen Händen.

Langes Abwarten, Herumtrödeln oder schlechte Arbeitsgewohnheiten ziehen ab jetzt euch beide runter. Und dafür möchtest du nicht verantwortlich sein. Du gibst die Macht über deine Willens- und Arbeitskraft nicht ab, wenn du dich dazu entschließt, für einen anderen Menschen diszipliniert und erfolgreich zu sein – schließlich erzählst du niemandem davon und begibst dich auch nicht in eine Abhängigkeitsbeziehung. Du vervielfachst nur den Anreiz, deine beste Leistung abzurufen, weil du die Dinge ab jetzt (auch) für einen anderen Menschen tust.

Arschtritt!

✏️ Aufgabe

- ✔️ Wähle eine deiner schwierigsten Aufgaben aus und nimm dir fest vor, diese Herausforderung für deinen größten Fan anzupacken – und zwar heute noch! Setze alles daran, deinen Unterstützer stolz zu machen und nicht zu enttäuschen!

💡 Beispiele

- ✔️ Denke an diese eine Freundin, die immer zu dir gehalten hat und dich in jeder Lage unterstützt: Wähle deine aktuell schwierigste Aufgabe aus und beginne mit dem ersten Schritt – tue es für sie!

- ✔️ Denke an ein Familienmitglied, das dich immer anfeuert und dir Mut macht. Auch, wenn es gerade nicht so gut läuft: Wähle deine aktuell schwierigste Aufgabe aus und beginne mit dem ersten Schritt – tue es für diese Person!

- ✔️ Denke an einen Dozenten oder Kommilitonen, der immer versucht, dich zu motivieren und das Studieren interessant gestalten möchte: Wähle deine aktuell schwierigste Aufgabe aus und beginne mit dem ersten Schritt – tue es für diesen Unterstützer!

📣 Arschtritt-Faktor

#46 Setze die Fünf-Minuten-Regel ein!

Die Fünf-Minuten-Regel ist ein kleiner psychologischer Trick, mit dessen Hilfe du deine Startschwierigkeiten überwinden kannst. Bei fast allen Aufgaben ist der Anfang der schwierigste Schritt – hast du diesen überwunden, geht es deutlich einfacher voran. Und genau dabei hilft dir diese Methode: Bei der Fünf-Minuten-Regel legst du eine kleine, konkrete Aufgabe fest und bearbeitest diese nur fünf Minuten lang.

Danach hörst du damit auf und entscheidest, ob du weitermachst – oder eben nicht. Wenn du nach fünf Minuten absolut keine Lust mehr hast, dann hörst du einfach auf und machst etwas anderes oder startest später einen neuen Anlauf. Der Trick an der Sache ist aber, dass du dich nach fünf Minuten sehr wahrscheinlich nicht zurückziehen wirst. Die meisten denken sich nämlich: „Jetzt habe ich einmal angefangen, dann kann ich auch weitermachen."

Besonders bei großen und nervigen Aufgaben funktioniert die Fünf-Minuten-Regel ganz hervorragend. Durch eine kleine und einfache Anfangshandlung kommst du in Schwung und lässt dich nicht von deiner großen Herausforderung abschrecken. Bedrückende und zeitintensive Aufgaben, auf die du eigentlich keine Lust hast, wirken gar nicht mehr so schlimm, wenn du dich nur fünf Minuten lang mit ihnen beschäftigen musst. Außerdem bringt dich diese Herangehensweise dazu, über die Struktur und Aufteilung deines Projekts nachzudenken: Wie lauten die einzelnen Schritte? Wie kannst du am besten vorgehen? Wie lassen sich Aufgaben unterteilen und am schnellsten erledigen?

Arschtritt!

✏ Aufgabe

✔ Setze die Fünf-Minuten-Regel ein und beschäftige dich sofort mit einer Aufgabe – aber nur fünf Minuten lang! Stelle dir einen Timer, damit deine Zeit auch wirklich begrenzt wird! Zusatzfrage: Hast du nach Ablauf der Zeit weitergemacht oder wirklich aufgehört?

💡 Beispiele

✔ Lies fünf Minuten lang in dem Lehrbuch!

✔ Fasse fünf Minuten lang die letzte Vorlesung zusammen!

✔ Lerne fünf Minuten lang wichtige Fachbegriffe auswendig!

✔ Lerne fünf Minuten lang für deine nächste Klausur!

✔ Führe fünf Minuten lang eine Literaturrecherche durch!

✔ Schreibe fünf Minuten lang an deiner Studienarbeit!

📢 Arschtritt-Faktor

#47 Arbeite mit Non-Zero-Days!

Dein Studium ist kein Sprint. Dein Studium ist ein Marathon. Und einen erfolgreichen Marathon schüttelt man nicht einfach so aus dem Ärmel. Einen Marathon gewinnt man mit vielen kleinen, kontinuierlichen Schritten. Kleine Aktionen, die zusammen eine mächtige Wirkung entfalten und besser als jeder Zwischensprint funktionieren. Im Optimalfall arbeitest du jeden Tag an deinen Zielen – egal, ob fürs Studium oder deine persönliche Entwicklung. Und genau an dieser Stelle hilft dir das Konzept der Non-Zero-Days.

Ein Non-Zero-Day ist ein Tag, an dem du nicht nichts machst; ein Tag, an dem du wenigstens ein klitzekleines bisschen für dein Ziel arbeitest. Es muss nicht viel sein, aber mehr als nichts – mehr als Null. Dadurch, dass du Non-Zero-Days in deinen Alltag integrierst, ist es deutlich einfacher für dich, erfolgreiche Gewohnheiten aufzubauen und ein kraftvolles Momentum aufrechtzuerhalten. Tage, an denen du nur faul vor dich hinvegetierst, gehören damit der Vergangenheit an. Gleichzeitig musst du dich aber nicht zu einer unmenschlichen Studiermaschine entwickeln, denn kleine Aktionen reichen ja schon aus, um deine Non-Zero-Mission am Laufen zu halten.

Mit Non-Zero-Days machst du dir das Leben leichter und kannst eine Dynamik entwickeln, von der viele nur träumen. Diese Tage sind perfekt für Menschen, die hohe Ziele und Bock auf Freizeit haben. Du musst auf nichts verzichten und überlädst deinen Kalender nicht mit Bergen zusätzlicher Arbeit. Warum? Weil du mit kleinen Mini-Aktionen perfekt durchkommst. Du musst unterm Strich nicht viel mehr arbeiten, bekommst aber einen gigantisch höheren Ertrag. Die Erfolgsformel lautet: Nur ein kleines bisschen arbeiten – dafür aber jeden Tag.

Arschtritt!

✏ Aufgabe

- ✔ Führe Non-Zero-Days ein und bestimme eine Aktivität, die dich ab heute eine Woche lang täglich begleiten wird! Wähle eine feste Zeit aus, an der du dich jeden Tag mit deiner ausgewählten Aktivität beschäftigen wirst!

💡 Beispiele

- ✔ Lerne jeden Tag eine wichtige Definition auswendig!
- ✔ Lies jeden Abend vor dem Einschlafen in einem Lehrbuch!
- ✔ Schreibe jeden Tag deine Ziele für die nächsten 24 Stunden auf!
- ✔ Fasse täglich ein Kapitel aus dem Vorlesungsmanuskript zusammen!
- ✔ Tritt dir jeden Tag ein Mal selbst in den Arsch!

📣 Arschtritt-Faktor

#48 Durchbrich deine Loser-Routine!

Während positive Gewohnheiten in deinem Alltag dafür sorgen, ein kraftvolles Momentum aufrechtzuerhalten, wird es andere Verhaltensmuster in deinem Leben geben, die dich zurückwerfen. Langes Aufbleiben, maßloser Internetkonsum oder schlechte Lerngewohnheiten sind nur einige Beispiele für diese Loser-Routinen, die garantiert nicht hilfreich sind.

Prinzipiell weißt du das auch, doch hast du erst einmal solch eine Angewohnheit in deinem Leben verankert, wird es dir schwerfallen, diese destruktiven Muster abzulegen – besonders dann, wenn es darauf ankommt. Jedes Mal, wenn du in deinen alten Trott zurückfällst und eigentlich weißt, dass du dir gerade schadest, stirbt ein kleiner Teil deiner Motivation. Und das verhinderst du nur, indem du deine Loser-Routine mit aller Kraft durchbrichst.

Du musst sie nicht auf Anhieb komplett ablegen – es reicht, wenn dir bewusst wird, dass du gerade gegen dich selbst arbeitest und dann reagierst: Stoppe den automatisierten Prozess. Gehe direkt ins Bett, wenn du merkst, dass du sonst nicht genug Schlaf bekommst, schalte sofort deinen Computer oder dein Smartphone aus, wenn du genug gesurft hast und unterbrich deine Lernsession, wenn du merkst, dass du in die falsche Richtung arbeitest. Gestatte es deinen schlechten Gewohnheiten nicht, sich in aller Ruhe auszubreiten. Mache ihnen das Leben schwer – dann machen sie dir dein Leben einfacher.

Arschtritt!

✏️ Aufgabe

✔️ Sammle drei schlechte Gewohnheiten in einer Liste und achte in deinem Alltag auf konkrete Situationen, in denen du in alte, destruktive Muster zurückfällst! Unterbrich diese Muster, indem du sofort deine Aktivität beendest und etwas anderes machst! Verhindere, dass sich deine Loser-Routinen entfalten können!

💡 Beispiele

✔️ Bis 2 Uhr nachts aufbleiben: Erstelle eine passive Erinnerung (wie beispielsweise eine Push-Nachricht auf deinem Smartphone oder ein Post-it an deinem Monitor), die du nur bemerkst, falls du wieder zu lange wach bleibst! Sobald du die Erinnerungshilfe siehst: Geh sofort ins Bett!

✔️ Vier Stunden Serien am Stück schauen: Starte mit der ersten Folge einen Timer, der dich nach einiger Zeit daran erinnert, dass du keinen Serienmarathon absolvieren wolltest! Sobald die Zeit abgelaufen ist: Unterbrich sofort deine Serie und mache etwas anderes!

✔️ Zu perfektionistisch lernen: Notiere dir auf einen kleinen Zettel, dass du beim Lernen nicht zu perfektionistisch sein darfst! Schaue während deiner Lernsession immer wieder auf diese Erinnerungshilfe und überprüfe dein Lernverhalten! Wenn du wieder zu kleinkariert vorgehst, brich deine Lernsession ab und mache stattdessen etwas anderes!

📢 Arschtritt-Faktor

#49 Erstelle eine Not-to-do-Liste!

Wenn du dich im Studium weiterentwickeln möchtest, musst du nicht immer neue Dinge hinzulernen oder bessere Gewohnheiten etablieren. Meistens reicht es schon aus, wenn du gewisse Dinge, die dich ausbremsen und deiner Motivation schaden, nicht mehr tust. Doch über diese inneren Blockaden musst du dir erst einmal im Klaren sein. Und dabei hilft dir eine Not-to-do-Liste.

Deine Not-to-do-Liste hält dich davon ab, unproduktiven Quatsch zu machen. Sie schärft dein Bewusstsein für Ablenkungen und hilft dir dabei, schlechte Gewohnheiten in den Griff zu bekommen. Sobald du deine Not-to-dos aufgespürt und schriftlich formuliert hast, wird es dir viel leichter fallen, destruktive Verhaltensmuster zu durchbrechen und dich auf deine Stärken zu konzentrieren.

Du solltest klein anfangen: Überfrachte deine Liste nicht, sondern konzentriere dich auf maximal drei schlechte Angewohnheiten, die du vermeiden möchtest. Im Wochenrhythmus kannst du deine Not-to-dos dann auswechseln und dir drei neue Baustellen vornehmen.

Arschtritt!

✏ Aufgabe

- ✔ Erstelle eine Not-to-do-Liste und lege drei Handlungen fest, die du ab sofort nicht mehr tun wirst! Platziere deine Liste so in deiner Wohnung, dass du sie regelmäßig siehst und an deine Not-to-dos erinnert wirst! Aktiviere zusätzlich eine Erinnerung in deinem Smartphone, die dir jeden Tag um 9:00 Uhr, 12:00 Uhr und 15:00 Uhr angezeigt wird!

♀ Beispiele

- ✔ Not-to-do: während der Vorlesung aufs Smartphone schauen
- ✔ Not-to-do: morgens beim Aufstehen die Snooze-Taste drücken (stattdessen direkt aufstehen, wenn der Wecker klingelt)
- ✔ Not-to-do: beim Lernen zwischendurch im Internet surfen
- ✔ Not-to-do: sich einreden, man sei dumm und könne dies und jenes ohnehin nicht schaffen

📢 Arschtritt-Faktor

#50 Vergleiche dich mit erfolgreichen Idioten!

Wann hast du das letzte Mal gedacht: „Es gibt so viele Idioten da draußen! Und diese Idioten sind auch noch erfolgreich!" Doch anstatt dich mit diesen Menschen auseinanderzusetzen und dich über die Ungerechtigkeit auf der Welt zu beschweren, könntest du dich auch fragen: Wenn so viele Idioten Erfolg haben, warum sollte ich als Nicht-Idiot dann keinen Erfolg haben?

Wenn du über deine aktuelle Lage nachdenkst: Haben weniger intelligente Menschen vor dir das Gleiche versucht und dabei Erfolg gehabt? Was spricht dann gegen dich? Und: Regt es dich nicht furchtbar auf, dass dumme, dreiste, faule und undankbare Menschen besser abschneiden als du? Und dabei auch noch lächeln, als wäre nichts einfacher als das?

Wunderbar, denn diese konstruktive Unzufriedenheit kannst du nutzen. Du kannst sie in Motivation umwandeln und zwar zu einem äußerst profitablen Wechselkurs: Rücke deinen Fokus bei der Bearbeitung deiner nächsten Aufgabe darauf, besser abzuschneiden als diese Idioten. Nicht im direkten Vergleich, aber im übertragenen Sinn.

Arschtritt!

✏ Aufgabe

- ✔ Denke an einen erfolgreichen Idioten und nimm dir fest vor, es diesem Menschen zu zeigen! Wandle deine Unzufriedenheit in Motivation für deine nächste Aufgabe um!

♀ Beispiele

- ✔ Vergleiche dich mit dem Kommilitonen, der nie lernt, aber trotzdem mit guten Noten abschneidet!

- ✔ Vergleiche dich mit deinem alten Schulfreund, der immer die letzte Stunde geschwänzt und nie seine Hausaufgaben gemacht hat, aber heute trotzdem erfolgreich ist!

- ✔ Vergleiche dich mit deinem Lieblings-Hass-Promi, der superreich und berühmt ist, aber nichts dafür tun musste, außer blöd in irgendwelche Kameras zu grinsen!

📢 Arschtritt-Faktor

★★★☆☆

#51 Werde zum Hulk: Nutze Wut als Motivation!

Eine Nummer größer als konstruktive Unzufriedenheit ist Wut. Wut ist eines der stärksten Gefühle – und an der passenden Stelle eingesetzt, kannst du dadurch einen riesigen Motivationsschub bekommen. Einen hulktastischen Motivationsschub, um genau zu sein. Denn ähnlich wie das grüne Muskelpaket aus den Marvel-Comics, das sich bei jedem Anflug von Wut die Klamotten vom Leib reißt und Autos durch die Gegend wirft, kannst du deine Wut für dich nutzen. Nur, dass du nicht farbig anläufst und nebenbei eine Stadt verwüstest, sondern deine Wutenergie in Motivationsenergie für dein Studium umwandelst.

Der Trick ist folgender: Wenn du das nächste Mal wütend bist, baust du deine aufgestaute Energie nicht durch Sport oder sonstige Ausgleichsaktivitäten ab – du nutzt sie als Initialzündung, um an deinen Zielen zu arbeiten. Du erweiterst sozusagen dein Wut-Mindset: Aus „Mann, bin ich wütend!" machst du „Mann, bin ich wütend – denen werde ich es zeigen und ich weiß auch schon wie!". Und dann führst du keine kindische Kurzschlusshandlung aus, sondern konzentrierst dich auf dich und deine Ziele.

Doch das Beste ist: Diese Art von Wut kannst du mit ein bisschen Übung selbst herbeiführen und dann nach Belieben für dich nutzen. Oft reicht es schon, wenn du dein Umfeld genauer beobachtest, ausgiebig Nachrichten schaust oder Zeitung liest. Finde einen Grund, um dich aufzuregen. Dann rege dich auf, aber nutze deine Wut sinnvoll. Lass sie nicht an anderen Menschen aus. Lass deine Wut für dich arbeiten.

Arschtritt!

✏ Aufgabe

✔ Werde zum Hulk und wandle deine Wut in Motivation um! Erinnere dich an eine Situation, die dich unglaublich wütend macht und lenke die ganze Wut auf deine nächste Aufgabe!

💡 Beispiele

✔ Denke daran, wann du das letzte Mal so richtig unfair behandelt wurdest und dich nicht dagegen wehren konntest: Nutze diese Wut und räume mit aller Energie deinen Schreibtisch auf!

✔ Lies fünf Minuten lang im Twitter-Profil eines Politikers, dessen Meinung du überhaupt nicht teilst: Nutze diese Wut und schreibe danach 30 Minuten an deiner Studienarbeit oder einem Referat!

✔ Recherchiere das Gehalt eines berühmten Schauspielers oder eines Profisportlers, den du überhaupt nicht magst: Nutze diese Wut und fasse ein Kapitel aus einem Lehrbuch zusammen!

📢 Arschtritt-Faktor

#52 Zeige deine Ergebnisse!

Es besteht ein riesiger Motivationsunterschied zwischen Situationen, in denen du nur für dich selbst arbeitest und solchen, in denen die Ergebnisse deiner Arbeit für andere sichtbar werden. Sobald du die Resultate deiner Anstrengung anderen Menschen zeigen musst, entwickelst du einen viel höheren Drang, gute Leistungen abzurufen. Allein die Tatsache, dass deine Ergebnisse öffentlich sind und in irgendeiner Form bewertet werden könnten, löst dabei eine motivierende Handlungsbereitschaft in dir aus.

Doch abseits von Klausuren, mündlichen Prüfungen und schriftlichen Studienarbeiten bekommst du diese Rückmeldung nur, wenn du deine Ergebnisse beim Studieren bewusst nicht für dich behältst. Du musst sie aktiv anderen Menschen zeigen – und am besten solchen, die deine Leistung einschätzen können.

Es reicht nicht aus, wenn du deinem Uropa erzählst, welche Bücher du letzte Woche gelesen hast oder wie der aktuelle Forschungsstand zu deinem Lieblingsthema ist. Du musst dir gleichgesinnte Studenten, andere Leidensgenossen oder motivierte Mentoren suchen, mit denen du dich austauschen kannst. Egal, wie du es letztendlich anstellst: Sobald du die Resultate deiner alltäglichen Arbeit veröffentlichst und eine Art Kontrollgremium eingerichtet hast, wirst du viel ergebnisorientierter zu Werke gehen.

Arschtritt!

✏ Aufgabe

- ✔ Richte einen persönlichen Aufsichtsrat für dein Studium ein und zeige ihm regelmäßig deine Ergebnisse! Verheimliche nichts und bitte um ehrliches Feedback!

♀ Beispiele

- ✔ Suche dir Lernpartner oder eine Lerngruppe und tausche dich regelmäßig mit deinen Kommilitonen aus!

- ✔ Suche dir einen Mentor für dein Studium und bitte ihn, regelmäßig mit dir über deinen Studienfortschritt zu sprechen! Das können ältere Kommilitonen, wissenschaftliche Mitarbeiter deiner Hochschule oder erfahrene Akademiker aus der Wirtschaft sein.

- ✔ Schreibe einen persönlichen, öffentlichen Studienblog und publiziere am Ende jeder Woche einen kurzen Bericht zu deinen aktuellen Herausforderungen! Zeige dort auch deine Ergebnisse!

📢 Arschtritt-Faktor

#53 Arbeite unter Aufsicht!

Das Problem beim Studieren und Arbeiten im Homeoffice ist, dass du dich unbeobachtet fühlst und deswegen häufig undiszipliniert handelst. Auf der einen Seite ermöglicht dir diese Situation, eine bequeme Arbeitshaltung und beispielsweise die Option, in Jogginghose am Schreibtisch zu sitzen – auf der anderen Seite kann diese fehlende Sichtbarkeit dazu führen, dass du unproduktiv vor dich hin prokrastinierst und alles tust, außer an deinen Zielen zu arbeiten. Du kannst schließlich machen, was immer du möchtest; es schaut ja niemand zu.

Doch um diesen Zustand der Antriebslosigkeit zu unterbrechen, reicht es schon, wenn du deinen Arbeitsplatz an einen öffentlichen Ort verlegst und deine Aufgaben unter Aufsicht erledigst. Sobald du das Gefühl hast, beobachtet zu werden, wirst du automatisch versuchen, eine gute Leistung abzuliefern. Deine Einstellung wird schlagartig professioneller, wenn dir andere Menschen bei der Arbeit zusehen – du möchtest schließlich einen soliden Eindruck hinterlassen und ihnen nicht als fauler Spinner in Erinnerung bleiben.

Dabei ist es nicht einmal nötig, unter direkter Beobachtung zu stehen. Allein die Möglichkeit, dass dich Leute beim Zeitverschwenden sehen könnten, wird bei dir das Bedürfnis auslösen, fleißig und zielstrebig zu wirken. Als Steigerung kannst du zudem einen richtigen Aufpasser organisieren, der dir explizit beim Studieren über die Schulter schaut und dich kontrolliert. Allerdings geht diese Art der Aufsicht mit einem starken Freiheitsverlust einher, der nicht zwingend von deiner gesteigerten Motivation aufgefangen wird.

Arschtritt!

✏️ Aufgabe

- ✔ Arbeite unter Aufsicht und verlagere deinen Arbeitsplatz an einen öffentlichen Ort! Sorge dafür, dass dir Leute beim Arbeiten zusehen und nutze diese Art der Kontrolle, um fokussiert und motiviert an deinen Zielen zu arbeiten!

💡 Beispiele

- ✔ Verlege deinen Arbeitsplatz in einen öffentlichen Lernraum oder in den Lesesaal deiner Hochschulbibliothek!

- ✔ Verlege deinen Arbeitsplatz in einen ruhigen Gemeinschaftsraum deiner WG, wenn deine Mitbewohner sich ebenfalls dort aufhalten!

- ✔ Verlege deinen Arbeitsplatz in ein ruhiges Café; achte darauf, dass du nicht der einzige Gast bist und im Blickfeld anderer Menschen sitzt!

📣 Arschtritt-Faktor

#54 Bezahle für professionelle Hilfe!

Obwohl es beim Studieren primär um dich und deine persönliche Weiterentwicklung geht, bist du nicht zwangsläufig auf dich allein gestellt. Du hast fast immer die Möglichkeit, auf externe Hilfe zurückzugreifen: Lernpartner, Kommilitonen, Dozenten. Sie alle stehen zur Verfügung und können dir zumindest punktuell unter die Arme greifen. Besonders das Treffen in einer Lerngruppe und die Auswahl eines Mentors können deine Motivation steigern und deinem Studentenleben neuen Schwung verleihen.

Was allerdings richtig zieht, ist bezahlte, professionelle Hilfe. Dabei ist es egal, ob du einen Nachhilfelehrer einstellst, ein Buch kaufst oder einen Life-Coach engagierst. Warum? Weil nun die nötige Ernsthaftigkeit und Verbindlichkeit gegeben sind, die deiner Motivation Flügel verleihen. Sobald du für etwas Geld bezahlt hast, setzt bei dir das tiefe innere Bedürfnis ein, den größten Nutzen aus deiner Investition zu ziehen. Du wirst selbst alles dafür geben, um die Hilfe optimal zu nutzen – und dabei wirst du dir selbst am meisten helfen.

Doch die Initialzündung kommt von außen: Erst dadurch, dass du für etwas Geld ausgegeben hast, schaltet dein Verstand um und stuft deine Handlungen als wichtig ein. Du wirst Einsatz zeigen und deine professionelle Hilfe nicht nur beiläufig oder nebenbei einsetzen. Du wirst sie bewusst und zielgerichtet nutzen, um erfolgreicher zu sein. Alles andere würde keinen Sinn ergeben und wäre rausgeschmissenes Geld.

Arschtritt!

✎ Aufgabe

- ✔ Suche dir professionelle Hilfe und bezahle dafür! Überlege dir, wer oder was dir bei deiner aktuell wichtigsten Aufgabe helfen kann – und dann kaufe oder buche sofort!

♀ Beispiele

- ✔ Studienarbeit schreiben: Kaufe dir noch heute ein Buch zum Thema „wissenschaftliches Schreiben"!

- ✔ Lernen: Buche noch heute einen Nachhilfelehrer für eines deiner schwierigsten Fächer in diesem Semester! Bezahle im Zweifel einen Kommilitonen, der sich gut auskennt!

- ✔ Präsentieren: Melde dich noch heute zu einem kosten-pflichtigen Rhetorikkurs an!

✍ Arschtritt-Faktor

#55 Verbiete dir das Weitermachen!

Trickkiste auf, umgekehrte Psychologie raus, Trickkiste zu: Wenn es dir Schwierigkeiten bereitet, dich zu einer Handlung zu motivieren, kann es hilfreich sein, wenn du dir genau diese Handlung selbst verbietest. Anstatt dich dazu zu zwingen, eine unliebsame Aufgabe zu bearbeiten, erlaubst du dir gar nicht erst auch nur an sie zu denken. Natürlich ist die Aufgabe wichtig und selbstverständlich musst du sie irgendwann erledigen – heute darfst du es aber nicht. Du hast absolutes Handlungsverbot.

Doch genau dadurch wächst deine Motivation, dich mit diesem verbotenen Ding zu beschäftigen. Menschen lieben das Verbotene. Durch ein Verbot wird eine Sache häufig erst interessant; allein durch die Tatsache, dass sie keine Option mehr für dich sein darf, wird sie zu einer Premiumoption und weckt dadurch deine Neugier. Und diese Neugier ist der Nährboden für deine Motivation.

Nachdem dein Verbot abgelaufen ist, wirst du dich viel intensiver mit deiner Aufgabe beschäftigen wollen und sie um einiges geradliniger angehen als zuvor. In manchen Situationen wird dein Verbot sogar eine so große Anziehungskraft entfachen, dass du trotz fehlender Erlaubnis an der Aufgabe arbeiten möchtest. Halte dich in diesen Fällen nicht zurück – denn genau darum geht es ja.

Arschtritt!

✏️ Aufgabe

- ✔️ Wähle eine deiner wichtigsten Aufgaben aus und verbiete dir, in den nächsten 24 Stunden an dieser Aufgabe zu arbeiten! Untersage dir außerdem, daran zu denken und mit anderen Menschen über deine Aufgabe zu sprechen!

💡 Beispiele

- ✔️ Verbiete dir, heute für dein Studium zu lernen! Du darfst nichts lesen, zusammenfassen oder lernen! Es ist dir nicht einmal erlaubt, deine Lernunterlagen auch nur anzufassen! Denk nicht mal daran!

- ✔️ Verbiete dir, an deiner Studienarbeit weiterzuarbeiten! Du darfst in den nächsten 24 Stunden keinen Gedanken an dein Thema verschwenden und mit keiner Person darüber reden!

- ✔️ Verbiete dir, deine Prüfungsvorbereitung wiederaufzunehmen! An besagtem Tag ist alles, was mit deiner kommenden Prüfung zu tun hat, für dich tabu!

📢 Arschtritt-Faktor

#56 Mache dir klar, welchen Preis du zahlen wirst!

Wenn du dein Studium ernst nimmst und deine Ziele konsequent verfolgst, wirst du Opfer bringen müssen: Um erfolgreich zu studieren, musst du einen ganzen Batzen Zeit und Energie in deinen neuen Lebensabschnitt investieren – und das regelmäßig. Diesen Deal kennst du bereits. Hast du ihn aber auch schon einmal von der anderen Seite aus betrachtet und darüber nachgedacht, was passiert, wenn du nichts in dein Studium investierst und den ganzen Tag lustlos auf der Couch rumhängst?

Nichts wird passieren. Jedenfalls nichts mit dir und deiner persönlichen Entwicklung. Mit deiner akademischen Ausbildung und deiner Karriere passiert auch nichts. Der Preis deiner Untätigkeit ist hoch: Wenn du ständig deine wichtigsten Aufgaben aufschiebst, Zeit verträdelst oder auf ein magisches Zeichen von oben wartest, wirst du immer erfolglos und unzufrieden bleiben. Du wirst niemals über dich hinauswachsen und in deinem selbstverursachten Stress früher oder später untergehen. Du wirst auf der Stelle treten und zurückfallen; andere werden dich überholen und deinen Platz einnehmen – und das alles nur, weil du es gerne bequem magst.

Mache dir bewusst, welche negativen Konsequenzen deine Motivationsprobleme haben. Allein dadurch wirst du dich eher dazu aufraffen können, etwas an deiner Lage zu ändern. Überzeichne die Konsequenzen ruhig ein bisschen, aber vergiss nicht, dass du dein Schicksal immer selbst in der Hand hast: Wenn du handeln möchtest, dann handle. Warte nicht zu lange – sonst musst du den Preis dafür zahlen. Bist du dazu bereit?

Arschtritt!

✏️ **Aufgabe**

✔️ Mache dir klar, welche negativen Konsequenzen deine un-
motivierte Handlungsweise für dich und dein Studium hat!
Nenne zehn negative Effekte und entscheide dann, ob du
bereit bist, diesen Preis zu zahlen!

💡 **Beispiele**

✔️ Anhäufung wichtiger Aufgaben

✔️ Nichteinhalten von Fristen

✔️ Kein Überblick (mehr)

✔️ Großer Stress kurz vor den Prüfungen

✔️ Schlechte Noten

✔️ Längere Studiendauer

✔️ Weniger Ansehen bei den Kommilitonen

✔️ Geringe persönliche Weiterentwicklung

✔️ Schlechtere Jobchancen

✔️ Niedrigeres Einkommen

✔️ Enttäuschte Eltern

📢 **Arschtritt-Faktor**

#57 Hole dir die Kontrolle zurück!

Wenn du dich nicht motivieren kannst und deshalb dein Studium links liegen lässt, bleibst du nicht auf der Stelle stehen – du wirst schlechter. Jeden Tag, an dem du nicht entschlossen an deinen Zielen arbeitest, verschlechtert sich deine Lage ein kleines bisschen und du rutschst weiter ab. Und das darfst du nicht zulassen. Du musst deinen aktuellen Stand – deinen Status quo – verteidigen und dafür sorgen, dass dein Studentenleben schön und angenehm bleibt.

Aus dieser Verteidigungsperspektive heraus fällt es vielen Studenten leichter, sich im Studium zu motivieren. Die täglichen Verpflichtungen und der zunehmende Leistungsdruck haben sie in die Defensive gedrängt. Doch anstatt unter dem ganzen Stress aufzugeben und die Segel zu streichen, holen sie zum Gegenschlag aus: Sie entwickeln eine Jetzt-erst-recht-Mentalität und sagen ihren To-dos den Kampf an!

Natürlich im übertragenen Sinn: Sie beginnen entschlossen damit, Struktur in ihren Alltag zurückzubringen und die aufgestauten Aufgaben Schritt für Schritt abzuarbeiten. Sie holen sich die Kontrolle zurück und verteidigen damit die Herrschaft über ihr Studentenleben. Und genau das solltest du auch tun. Jetzt sofort.

Arschtritt!

✎ Aufgabe

- ✔ Verteidige dein Studentenleben und hole dir die Kontrolle über dein Studium zurück! Spüre dazu konkrete Probleme auf, die bei dir Stress verursachen und entwickle dann einen Schlachtplan, um die Schwierigkeiten zu beheben!

💡 Beispiele

- ✔ Chaos auf dem Schreibtisch: Räume deinen Arbeitsplatz auf und hole dir die Kontrolle über deine Ordnung zurück! Lasse nicht zu, dass dir dein Studium deine Wohnung vermüllt. Sortiere alle Unterlagen auf deinem Schreibtisch und höre nicht eher auf, bis du völlig zufrieden bist!

- ✔ Chaos im Alltag: Ordne deinen Kalender und erstelle verschiedene To-do-Listen für deine Aufgaben! Lasse nicht zu, dass dein Studium in deinem Leben den Takt vorgibt – hole dir die Kontrolle zurück!

- ✔ Zu viele offene To-dos: Ordne deine Aufgaben und verteile Prioritäten! Erledige dann eine Aufgabe nach der anderen und dränge damit die anfallenden Verpflichtungen zurück! Opfere heute deine Freizeit, um sie in Zukunft genießen zu können! Du entscheidest, in welchem Maß – hole dir die Kontrolle zurück!

📢 Arschtritt-Faktor

#58 Lege eine Bestrafung fest!

Einige Menschen reagieren sehr positiv, wenn ihnen Belohnungen für gute Arbeit in Aussicht gestellt werden; andere können mit diesem Anreizsystem hingegen überhaupt nichts anfangen. Egal, welches noch so schöne Ereignis am Ende auf sie wartet: motivationstechnisch bringt es nichts. Was dann hilft, sind Strafen.

Wenn du mit Bestrafung arbeitest, erhöhst du den Druck auf dich selbst. Du sorgst dafür, dass du Angst davor hast, dein gesetztes Ziel zu verfehlen – denn in diesem Fall würde dir die festgelegte Konsequenz drohen. Allerdings funktioniert das nur, wenn du deine Strafe ausreichend streng und unangenehm gestaltest. Falls du dich mit fünf Minuten weniger Internet bestrafst oder im schlimmsten Fall die Chips beim Fernsehabend weglassen musst, wird dein Druckmittel keine große Wirkung entfalten. Das Gleiche gilt für übertrieben harte Strafen: Wenn du dir damit drohst, hungrig ins Bett zu gehen oder so lange kein Wasser zu trinken, bis du deine Aufgabe geschafft hast, bestrafst du dich zwar, du schadest dir aber auch. Und das ist völlig sinnlos.

Die Festlegung von Strafen ist ein Balanceakt: Deine Strafe muss dich motivieren, darf dich aber nicht vor Angst lähmen; sie muss wehtun, darf aber nicht ungerecht und schädlich für deine weitere Entwicklung sein. Versuche deshalb, einen Mittelweg zu finden oder taste dich vorsichtig an verschiedene Extreme heran, bis du das richtige Zugpferd für dein persönliches Anreizsystem gefunden hast.

Arschtritt!

✏ Aufgabe

✔ Lege den nächsten Schritt deiner derzeit wichtigsten Aufgabe fest und bestimme dazu ein klares Ziel! Nimm dir fest vor, diesen Schritt heute noch abzuschließen! Lege eine Strafe fest, falls du es nicht schaffst!

💡 Beispiele

✔ „Wenn ich heute nicht mindestens 30 Folien der letzten Vorlesung zusammenfasse, spende ich 50 Euro für wohltätige Zwecke!"

✔ „Wenn ich heute nicht mindestens 5 Vokabeln lerne, verzichte ich eine Woche auf Süßigkeiten!"

✔ „Wenn ich heute nicht Kapitel 2 zu Ende lese, melde ich mich freiwillig für eine Hausarbeit!"

✔ „Wenn ich heute nicht an der Bewerbung für mein Praktikum arbeite, bekomme ich eine Woche Internetverbot!"

📢 Arschtritt-Faktor

#59 Setze eine ultimative Deadline!

Eine Deadline entwickelt erst dann ihre volle Motivationskraft, wenn sie ihrem Namen gerecht wird: Beim Überschreiten der Frist müssen dir nicht korrigierbare Konsequenzen drohen – nur dann nimmst du die Deadline völlig ernst und wirst alles dafür tun, um deine Aufgabe vorher zu erledigen.

Das häufigste Problem bei selbst gewählten oder eigens konzipierten Deadlines ist nämlich die fehlende Verbindlichkeit: Wenn dir das Überschreiten der Deadline nicht wehtut und dir die Folgen egal sind, nimmst du deine Fristen nicht mehr ernst; der Arschtritt-Faktor geht dann gegen null. Wenn du schon von Anfang an weißt, dass ein Überschreiten der Frist keine Konsequenzen für dich haben wird, ist deine Deadline wertlos. Deshalb musst du dich von deinen harmlosen Deadlines verabschieden und stattdessen gefährliche Produktivitätsbooster einrichten.

Dazu reicht es schon, wenn du einen Kontrollmechanismus einsetzt, der dich motiviert und positiv unter Druck setzt. Das können zum Beispiel Lernpartner, Nachhilfelehrer oder auch ein Lerntagebuch sein. Alternativ kannst du deine Fristen an persönliche Vereinbarungen koppeln: Falls du deine Deadline nicht einhältst, musst du zum Beispiel einen Monat lang auf deine Lieblingsserie, Bier, Eis, Sex, Sport oder dein Lieblingshobby verzichten. Für welche Konsequenz du dich entscheidest, ist eigentlich egal – es muss nur wehtun.

Arschtritt!

✏ Aufgabe

✔ Wähle drei deiner wichtigsten Aufgaben aus und setze jeweils eine ultimative Deadline! Bei Fristüberschreitung müssen dir unangenehme Konsequenzen drohen, die du auf jeden Fall verhindern möchtest!

💡 Beispiele

✔ „Heute Abend um 20:00 Uhr habe ich Kapitel 4 aus dem Vorlesungsskript zusammengefasst. Falls ich das nicht schaffe, darf ich eine Woche lang kein WhatsApp nutzen."

✔ „Morgen um 12:00 Uhr muss ich die alte Probeklausur aus dem letzten Semester bearbeitet haben. Wir treffen uns um 12:00 Uhr mit der Lerngruppe und vergleichen unsere Lösungen."

✔ „Am [hier Datum einfügen] um 23:59 Uhr stelle ich meine Studienarbeit fertig. Dieses Abgabedatum habe ich auch meinem Betreuer mitgeteilt und versprochen, dass ich nicht überziehe."

📣 Arschtritt-Faktor

#60 Zerstöre Plan B und Plan C!

Deine Motivationsprobleme werden häufig dadurch begünstigt, dass es Handlungsalternativen gibt, die dir mehr Spaß machen als deine aktuelle Aufgabe. Aber das kannst du ändern: Zerstöre diese Alternativen. Sorge dafür, dass neben deinem derzeit wichtigsten Plan A keine Optionen bestehen. Liquidiere Plan B und Plan C. Lösche alles aus, was dir und deinem Vorhaben im Weg stehen könnte; verbaue dir sämtliche Ausweichrouten und konzentriere dich dann auf die einzige Möglichkeit: dein aktuelles Ziel.

Dazu musst du zunächst herausfinden, welche Aufgaben im Moment miteinander konkurrieren und im nächsten Schritt eindeutige Prioritäten vergeben. Welche Aufgabe ist gerade deine wichtigste Baustelle? Was kann warten? Was bringt dir den größten Erfolg? Und warum? Sobald du das geklärt hast, kannst du einen Plan nach dem anderen ausschalten, bis nur noch Plan A übrigbleibt.

Mit Ausschalten ist in diesem Sinn gemeint, dass du alles unternimmst, um die Umsetzung der alternativen Pläne zu sabotieren oder möglichst kompliziert zu gestalten: Rede Plan B schlecht, verschiebe Plan C auf morgen, lagere Plan D an einen Kommilitonen oder Lernpartner aus und schalte vor Plan E zur Sicherheit eine umfangreiche Literaturrecherche. Im Moment gibt es nur einen wichtigen Plan für dich; alles andere ist unwichtiges Zeug. Lasse nicht zu, dass dir deine Aufmerksamkeit gestohlen wird.

Arschtritt!

✏ Aufgabe

- ✔ Sortiere deine aktuellen Aufgaben nach Prioritäten und bestimme deinen Plan A! Schalte dann alle Handlungsalternativen aus bis nur noch deine wichtigste Aufgabe übrig bleibt!

💡 Beispiele

- ✔ Plan B: Mit deinem Lernpartner alte Prüfungsaufgaben bearbeiten. Zerstören: Schreibe deinem Lernpartner, dass du heute keine Zeit mehr hast und ein Treffen nicht passt!

- ✔ Plan C: Grafiken für die Studienarbeit heraussuchen und bearbeiten. Zerstören: Deinstalliere dein Grafikprogramm!

- ✔ Plan D: Wohnung aufräumen. Zerstören: Plane für morgen einen Wohnungsputz und blocke dafür eine feste Zeit in deinem Kalender!

📢 Arschtritt-Faktor

#61 Schaffe eine Alternative, die dir wehtut!

Wann beschäftigst du dich gerne mit einer unangenehmen Aufgabe? Richtig: Wenn alle anderen Aufgaben noch unangenehmer sind. Einer der wirkungsvollsten Wege, ein nerviges To-do endlich anzugehen, ist die Schaffung von Alternativen, die noch lästiger sind und dir im Zweifel sogar wehtun. Du wählst dann sozusagen das kleinere Übel, ziehst deine Aufgabe durch und fühlst dich dabei auch noch gut, weil du größeren Schaden abgewendet hast.

Besonders dann, wenn deine Verpflichtungen nur eine geringe natürliche Motivationskraft ausstrahlen, ist diese Methode dazu prädestiniert, nervige Aufgaben Schritt für Schritt abzuarbeiten. Dadurch, dass die Alternative ganz und gar nicht nach Spaß aussieht, denkst du gar nicht erst lange über sie nach. Du startest schnell mit einer undankbaren Aufgabe – und wirst durch den künstlichen Druck der schmerzhaften Alternative bestärkt, am Ball zu bleiben.

Am einfachsten setzt du diese Motivationstaktik ein, indem du Entweder-oder-Fragen benutzt und dabei nicht zwischen deinen wichtigsten Aufgaben entscheidest, sondern bewusst Alternativen kreierst, die du aus tiefster Überzeugung ablehnst. Du willst nämlich kein Unentschieden. Du brauchst eine klare Entscheidung – und diese nimmst du mit deiner Konstellation vorweg. Nur so wirst du dich mit großer Sicherheit für das kleinere Übel entscheiden.

Arschtritt!

✏ Aufgabe

- ✔ Bestimme deine aktuell wichtigste Aufgabe und überlege dir eine Alternative, die so unangenehm ist, dass du dich lieber deiner Aufgabe widmest!

♀ Beispiele

- ✔ Entscheidung: „Entweder ich lese jetzt 30 Seiten oder ich bitte meine Exfreundin um Geld."

- ✔ Entscheidung: „Entweder ich fasse jetzt eine Stunde lang das Vorlesungsskript zusammen oder ich scanne das 600-Seiten-Buch ein."

- ✔ Entscheidung: „Entweder ich räume jetzt meinen Schreibtisch auf oder ich putze das Treppenhaus."

- ✔ Entscheidung: „Entweder ich schreibe jetzt an der Studienarbeit oder ich rufe meine Eltern an und frage, was es Neues in der Nachbarschaft gibt."

- ✔ Entscheidung: „Entweder ich gehe jetzt zur Vorlesung oder zum Zahnarzt."

📢 Arschtritt-Faktor

#62 Verhänge eine empfindliche Geldstrafe!

Die Gefahr einer Bestrafung kann deine Motivation in die Höhe katapultieren. Noch besser als allgemeine Strafen wirken allerdings Geldstrafen – besonders dann, wenn sie wehtun. Denn wenn es ums Geld geht, hört der Spaß bei vielen auf; sobald für ein verfehltes Ziel oder eine falsche Handlung gezahlt werden soll, verwandeln sich müde Alibistudenten im Nullkommanichts in hellwache Vorzeigeakademiker. Aus diesem Grund darf die Geldstrafe in deinem Motivationsportfolio in keinem Fall fehlen.

Die größte Wirkung erzielst du jedoch nicht, wenn du für eine verpasste Deadline zwei Euro in die Strafkasse werfen musst, nein: Die Geldstrafe muss dich empfindlich treffen. Und dafür muss sie zwei Eigenschaften erfüllen. Erstens muss sie hoch genug sein, um einen kleinen finanziellen Schaden zu verursachen; und zweitens muss sie an eine Sache gebunden sein, die dir überhaupt nicht gefällt. Erst, wenn diese Kombination vorliegt, wird die zusätzliche Motivation, die von einer potenziellen Geldstrafe ausgeht, dein Handeln spürbar positiv beeinflussen.

Im Detail heißt das für dich: Lege einen Betrag fest, der dir wehtut, dich aber nicht sofort finanziell ruiniert und bestimme dann einen Zweck, für den du auf gar keinen Fall dein Geld ausgeben möchtest. Spenden für wohltätige Vereine oder Krankenhäuser fallen damit raus; du darfst dein Geld nur für Dinge ausgeben, die du sonst aus moralischen Gründen niemals unterstützen würdest. Nur so erreichst du den größtmöglichen Arschtritt-Faktor.

Arschtritt!

✏ Aufgabe

- ✔ Wähle eine Aufgabe aus, lege eine Deadline zur Fertigstellung fest und bestimme eine empfindliche Geldstrafe, falls du dein Ziel nicht erreichst! Lege vorher den genauen Betrag und den Zweck fest!

♀ Beispiele

- ✔ „Wenn ich bis heute Abend um 18:00 Uhr nicht die Übungsaufgabe bearbeitet habe, kaufe ich für 70 Euro ein Trikot vom FC Bayern München!"

- ✔ „Wenn ich morgen um 10:00 Uhr nicht zur Vorlesung gehe, kaufe ich mir für 50 Euro Musik von Haftbefehl!"

- ✔ „Wenn ich nächste Woche Donnerstag immer noch nicht mit meiner Studienarbeit angefangen und nicht mindestens 10 Seiten geschrieben habe, kaufe ich Tickets für Mario Barth im Wert von 100 Euro!"

📢 Arschtritt-Faktor

#63 Schließe eine peinliche Wette ab!

Normalerweise sind Wetten unsicher – jedoch nicht in diesem Fall: Eine klug platzierte Wette auf die eigene Leistung kann deine Motivation im Studium locker verdoppeln und dir aus dem Nichts neue Energie bringen. Erst recht, wenn dir der Wetteinsatz besonders peinlich ist und damit als starker Anreiz zur Erfüllung der Wette dient. Aber der Reihe nach.

Eine peinliche Wette erhöht deine Motivation aus zwei Gründen: Erstens, weil du nicht mit dir alleine, sondern mit einer oder mehreren Personen wettest und damit zusätzlichen Druck von außen bekommst (du würdest dein Gesicht verlieren, wenn du deine Wettschulden am Ende nicht begleichen könntest); und zweitens, weil im Fall einer Niederlage eine peinliche Strafe auf dich wartet (die du auf jeden Fall verhindern möchtest).

Je unangenehmer dir dieser Wetteinsatz ist, desto wahrscheinlicher wirst du deine gesteckten Ziele erreichen, die Wette gewinnen und dir die Peinlichkeit ersparen. Dazu musst du nur eine gut messbare Aufgabe auswählen und einen Wettpartner suchen, der bereit ist, dich zu kontrollieren.

Arschtritt!

✏ Aufgabe

- ✔ Schließe eine peinliche Wette ab und setze auf deine eigene Leistung! Bestimme ein konkretes Ziel und wette mit einer anderen Person, dass du es zu einem bestimmten Zeitpunkt erreichen wirst! Lege eine peinliche Aktion als Wetteinsatz fest!

♀ Beispiele

- ✔ „Ich wette, dass ich bis heute Mittag um 12:00 Uhr fünf Seiten meiner Seminararbeit geschrieben habe – ansonsten gestehe ich dem Dozenten am Freitag meine Liebe!"

- ✔ „Ich wette, dass ich bis morgen Abend um 18:00 Uhr diese 50 Englischvokabeln fehlerfrei auswendig kann – sonst stimme ich im vollen Hörsaal ein Liedchen an!"

- ✔ „Ich wette, dass ich bis zum [hier Datum einfügen] mein Studium erfolgreich abschließen werde – ansonsten laufe ich nackt über den Campus!"

📣 Arschtritt-Faktor

#64 Nutze die Rubikon-Methode!

Kurze Zeitreise: Die Rubikon-Methode basiert auf der Metapher „den Rubikon überschreiten" und hat ihren Ursprung vor mehr als 2.000 Jahren. Damals überschritt Julius Cäsar mit seinen Soldaten den kleinen italienischen Grenzfluss Rubikon und löste damit einen Bürgerkrieg aus. Seitdem hat „den Rubikon überschreiten" die Bedeutung, eine folgenschwere und weitreichende Entscheidung zu treffen. Ein Schritt also, den man nicht mehr zurücknehmen kann. Und genau diese Methodik kannst du auch auf deine Produktivität beim Studieren anwenden.

Du musst dich nur selbst anschubsen und zum Erfolg zwingen. Mit einem kleinen Schritt, den du nicht mehr zurücknehmen kannst. Damit führt dich diese Methode schnurstracks aus deiner Komfortzone. Du setzt dir selbst die Pistole auf die Brust und sorgst dafür, dass dein innerer Schweinehund nicht wieder die Oberhand gewinnen kann. Du überschreitest also deinen persönlichen Rubikon und kannst dann nicht mehr zurück. Einmal angefangen, musst du weitermachen.

Wichtig: Wenn du die Rubikon-Methode anwendest, dürfen die ausgewählten Aufgaben kein Ding der Unmöglichkeit sein. Fang klein an, denn am Anfang wirst du dir furchtbar auf die Nerven gehen, weil du dich selbst stark unter Druck setzt und dir den Rückzug unmöglich machst – und das ist unangenehm. Aber es lohnt sich. Diese Methode wird dir dabei helfen, einen ersten wichtigen Schritt zu unternehmen, um anschließend fokussiert weiterzumachen. Dir bleibt auch nichts anderes übrig, denn Umkehren ist dann nicht mehr drin.

Arschtritt!

✏ Aufgabe

- ✔ Setze die Rubikon-Methode ein und verlasse sofort deine Komfortzone! Überschreite deinen persönlichen Rubikon und mache einen ersten unwiderruflichen Schritt!

💡 Beispiele

- ✔ Du möchtest diesen Monat endlich deine Studienarbeit fertigstellen: Erzähle jedem, den du triffst, dass du diesen Monat mit der Arbeit fertig wirst und versprich einem Freund oder einer Freundin hoch und heilig, dass du 200 Euro spendest, wenn du die Deadline nicht einhalten kannst! (Deine Freunde nehmen dich nicht mehr ernst, wenn du doch nicht fertig wirst. Die Geldspende würde dir außerdem finanziell wehtun und dich zusätzlich motivieren.)

- ✔ Du möchtest deine Klausur mindestens mit der Note 1,7 bestehen: Bewirb dich bei dem entsprechenden Lehrstuhl als studentische Hilfskraft! (Du musst ein Experte auf dem Gebiet werden. Du verlierst sonst dein Gesicht, wenn du die Klausur nicht mindestens mit einer 1,7 bestehst.)

- ✔ Du bist extrem schüchtern, möchtest aber neue Kommilitonen kennenlernen: Melde dich sofort online zu einem Tanzkurs an und bezahle direkt die volle Gebühr! (In dem Kurs musst du deine Kontaktscheu ablegen und auf Tuchfühlung gehen.)

📢 Arschtritt-Faktor

#65 Erpresse dich!

Wenn konstruktiver Druck von innen und außen keinen Motivationsschub bei dir auslösen, ist es Zeit, eine etwas rabiatere Methode anzuwenden: Erpressung. Denn neben anderen Personen, von denen du dir gewisse Handlungen wünschst, kannst du insbesondere dich selbst erpressen. Dazu drohst du dir selbst mit einer Strafe, falls du nicht sofort dies oder jenes tust und überwindest durch die in Aussicht gestellte Konsequenz dein Zögern.

Anstatt mit einem Anreizsystem aus Belohnungen oder Bestrafungen zu arbeiten, versuchst du es mit einer Erpressung auf die harte Tour. Du hast keine Zeit zu reagieren oder die Sache abzuwägen – du legst dir selbst Daumenschrauben an: „Wenn ich jetzt nicht sofort handle, dann…".

Wenn-dann-Formulierungen sind klassische Erpressungsformeln und erzeugen den größten Druck. Wichtig ist nur, dass du realistische Strafen bestimmst und deine eigene Glaubwürdigkeit, diese Strafen auch umzusetzen, gegeben ist. Deine Bestrafung muss echt sein und darf nicht zur Alibilösung werden, die dir insgeheim noch Spaß macht. Außerdem musst du konsequent bleiben und deine eigenen Vorgaben – komme, was wolle – umsetzen. Tust du das nicht, entwickeln deine Erpressungsversuche keine Motivationskraft und sind nichts weiter als leere Drohungen.

Arschtritt!

✏ Aufgabe

- ✔ Erpresse dich selbst! Wähle dazu den nächsten Schritt deiner aktuell wichtigsten Aufgabe aus und lege eine realistische, unangenehme Strafe fest, falls du diesen Schritt nicht sofort ausführst!

💡 Beispiele

- ✔ „Wenn ich jetzt nicht sofort eine halbe Stunde in meinem neuen Lehrbuch lese, dann schaue ich diese Woche keine Folge meiner Lieblingsserie mehr!"

- ✔ „Wenn ich jetzt nicht sofort an meiner Studienarbeit weiterschreibe, dann sage ich das Treffen mit meiner Freundin am Wochenende ab!"

- ✔ „Wenn ich jetzt nicht sofort meinem Dozenten die offenen Fragen zur Prüfung per E-Mail schicke, dann werde ich mich von der Prüfung abmelden!"

📢 Arschtritt-Faktor

#66 Setze den Aluhut auf: Glaube an das Worst-Case-Szenario!

Eine der stärksten menschlichen Antriebskräfte ist Angst. Angst vor negativen Konsequenzen, Angst vor Verlust, Angst vorm Scheitern. Nackte Panik ist nur schwer auszuhalten – aber sie motiviert. Und das ungemein. Deshalb kannst du diesen Zustand bewusst als Motivationsmittel einsetzen und mit etwas Übung so steuern, dass du – je nach Bedarf – Kraft aus deiner Angst ziehen kannst.

Dazu musst du allerdings mehr tun, als dich nur mit deiner Angst auseinanderzusetzen: Du musst sie mit voller Absicht erzeugen – und das so stark und unnachgiebig wie möglich. Auch wenn es hart ist: Denke negativ – und zwar so richtig. Übertreibe und male alles schwarz. Zeichne ein Worst-Case-Szenario und entwickle die wildesten Verschwörungstheorien. Definiere deinen persönlichen Albtraum und erzeuge eine finstere Weltuntergangsstimmung. Am Ende musst du Panik haben und mit dem Rücken zur Wand stehen; erst dann entfaltet diese Strategie ihre volle Wirkung. Denn: Danach wirst du fast automatisch dazu übergehen, diese Situation abzulehnen und über Lösungen nachzudenken.

Du wirst zu dem Entschluss kommen, dass dir jetzt nur noch eine Person helfen kann: du selbst. Doch dazu musst du handeln. Du musst in Aktion kommen und endlich loslegen – sonst ist es womöglich zu spät. Du darfst dich nicht von den negativen Gedanken überwältigen lassen und in eine Schockstarre übergehen. Nach deinem kurzen Abstecher in das Land der Aluhüte schöpfst du aus deinem dunklen Zukunftsbild Kraft und schaltest dann direkt in einen proaktiven Zustand um, damit du das Worst-Case-Szenario unter allen Umständen vermeiden kannst.

Arschtritt!

✏️ Aufgabe

- ✔ Denke negativ und zeichne dein ganz persönliches Worst-Case-Szenario! Wähle eine Aufgabe aus und überlege dir, was im schlimmsten Fall passieren kann, wenn du jetzt nicht handelst! Male dir die Konsequenzen im Detail aus und erzeuge dadurch Panik!

💡 Beispiele

- ✔ „Wenn ich jetzt nicht zur Vorlesung gehe, verpasse ich eine wichtige Information des Dozenten, die in der Prüfung abgefragt wird. Dadurch könnte ich die Prüfung nicht bestehen und am Ende mein ganzes Studium riskieren…"

- ✔ „Wenn ich jetzt nicht mit meiner Zusammenfassung beginne, gefährde ich den Zeitplan meiner Prüfungsvorbereitung. Dadurch habe ich am Ende zu wenig Zeit und werde durch die Prüfung fallen. Meine Studiendauer wird sich verlängern und mir wird das Geld ausgehen…"

- ✔ „Wenn ich jetzt nicht weiter an meiner Studienarbeit schreibe, werde ich den Abgabetermin nicht einhalten können. Ich werde eine 5,0 erhalten und exmatrikuliert. Danach finde ich bestimmt keinen Job und muss…"

📢 Arschtritt-Faktor

Deine Arschtritt-Garantie

Selbstmotivation ist eine der wichtigsten Fähigkeiten, die du als Student beherrschen musst. Im Laufe deines Studiums wirst du ständig auf neue Herausforderungen stoßen, die nervig, langweilig oder unangenehm sind. Doch in diesen Situationen entscheidet sich, ob du zu den erfolgreichen Studenten gehörst, die sich selbst anfeuern können und ihre Aufgaben anpacken, oder ob du einer von den Aufschiebern bist, die unentwegt gegen sich selbst arbeiten und dadurch nicht vom Fleck kommen.

Dieses Buch liefert dir alles, was du brauchst, um zur ersten Kategorie zu gehören. Was es dir allerdings nicht liefert, ist eine Erfolgsgarantie – denn die einzige Garantie für ein erfolgreiches Studium bist du selbst. Wenn du es schaffst, dich regelmäßig selbst zu motivieren, wirst du dich zu einer starken Persönlichkeit weiterentwickeln und immer wieder über dich hinauswachsen. Dazu brauchst du nichts weiter, als einen starken Willen, etwas Mut und ab und zu einen kleinen Arschtritt. Auf diese Weise kannst du jede Aufgabe anpacken und bewältigen. Und das völlig unabhängig von deinen persönlichen Voraussetzungen.

Das wusste auch schon Zig Ziglar, als er schrieb: „Du musst nicht großartig sein, um etwas zu beginnen – aber du musst etwas beginnen, um großartig zu sein." Der Mann hat recht. Also fang an. Beginne etwas. Und werde großartig!

Hier warten noch zehn Extra-Arschtritte auf dich:
www.studienscheiss.de/arschtritt-buch-geschenk

Ende

Infos zum Buch

Das Arschtritt-Buch ist kein ödes Fachbuch, vollgestopft mit unverständlicher Theorie – es ist eine Sammlung praktischer Methoden und Konzepte, mit denen du deine Selbstmotivation im Studium nachhaltig steigern kannst. Vor dir liegen 66 konkrete Maßnahmen, mit denen du dir beim Studieren selbst in den Arsch treten und damit deine Prokrastination endgültig besiegen kannst.

Aber das ist noch nicht alles: Dieses Buch wurde von unserem kleinen Studienscheiss-Verlag fair und hochwertig produziert. Wir arbeiten mit regionalen Designern, Lektoren und Druckereien zusammen und lassen unsere Bücher komplett in Deutschland herstellen. Alle an der Produktionskette beteiligten Partner werden von uns fair behandelt – und bezahlt.

Allesamt kleine und mittelständische Unternehmen, die mit Herzblut bei der Sache sind und mit denen wir ein gemeinsames Ziel verfolgen: hochwertige Produkte zu erzeugen, die unsere Leser glücklich machen.

Deswegen gibt es unsere gedruckten Bücher nur im hübschen Hardcover-Format, in modernem Buchsatz und mit praktischem Lesebändchen. Für schmalere Budgets bieten wir unsere E-Books zum halben Preis an.

Unsere Bücher entstehen unter nachhaltigen Produktionsbedingungen, schonen die Umwelt und fördern die regionale Wirtschaft. Und genau das unterstützt du, wenn du dir dieses Buch zugelegt hast.

High five dafür!

Über den Autor

Dr. Tim Reichel, Jahrgang 1988, ist Autor, Wissenschaftler und Unternehmer. Nach dem Abitur studierte er Wirtschaftsingenieurwesen an der RWTH Aachen und ist anschließend zur Promotion an der Uni geblieben. Dort betreut er seitdem industrienahe Forschungsprojekte und beschäftigt sich mit den Themen Nachhaltigkeit und Ressourceneffizienz. Seit acht Jahren arbeitet er als Fachstudienberater und Koordinator eines Prüfungsausschusses. Dabei coacht er Studenten, berät bei Schwierigkeiten im Studium, schreibt Prüfungsordnungen und begleitet zudem Akkreditierungsverfahren (Letzteres ist sehr, sehr langweilig).

Im Juni 2014 gründete er die Plattform studienscheiss.de. Mit dieser Website hilft er deutschlandweit tausenden Studierenden und Bildungsinteressierten dabei, glücklich und erfolgreich zu studieren, um in der späteren Berufswelt zurechtzukommen. Im Jahr 2016 wurde aus dem Start-up ein unabhängiger, kleiner Verlag. In seinem Blog veröffentlicht er regelmäßig Artikel zu allen möglichen Themen rund ums Studentenleben und gibt Tipps, wie man den stressigen Unialltag in den Griff bekommen kann.

Das ist Tim

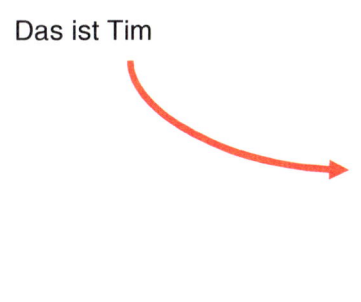

Dankeschön

Ich danke allen Lesern meines Studienscheiss-Blogs. Ohne euch und eure riesige Unterstützung gäbe es meinen Blog und dieses Buch nicht.

Ihr seid die beste Community, die es im deutschsprachigen Raum gibt und ich liebe es, für euch zu schreiben. Danke, dass ihr mich motiviert, kritisiert und immer wieder hinter mir steht. Danke, dass ihr da seid.

Alleine hätte ich dieses Buch niemals schreiben können. Deswegen danke ich besonders den Menschen, die mir dabei geholfen haben: Marie, Kristina, Claudia, Melanie und Sajoscha.

Vielen Dank, dass ihr mich ertragen und in jeder schwierigen Situation unterstützt habt. Auch dann, wenn ich nervig und zickig war oder mich einfach blöd angestellt habe.

Eure Verlässlichkeit, eure Geduld und euer Einsatz sind unglaublich und alles andere als selbstverständlich. Ich weiß das wirklich zu schätzen – und danke euch allen von Herzen.

Viel Erfolg!

Hol dir hier dein Bonusmaterial ab:

www.studienscheiss.de/arschtritt-buch-geschenk